尽 善 尽 美　　弗 求 弗 迪

女生密码

源　靖◎著

電子工業出版社
Publishing House of Electronics Industry
北京·BEIJING

内容简介

本书是一本工具书，绝大部分的男男女女都是按照自己的经验和感觉来判断对方的性格，并与之相处。这就像是一个立方体，立方体的每一个角就是一种人格。没有经验的人就像是站在立方体的中间，他的视线只能看到某几个点，而看不到整个立方体。这就导致当一个男人去追求女人或是与女人长期相处的时候总是不能理解对方的行为，不能懂得对方的心思。本书会从根源入手，在我们调查统计的基础上，帮助读者分析不同类型的女性性格，让读者做到“知己知彼”，从而更加科学、有效地和自己心仪的女人相处、交往。

对于缺乏恋爱经验的男性，这本书是一本很好的启蒙指南；对于恋爱经验丰富的男性，这本书是一本全面的自省手册。

图书在版编目（CIP）数据

女生密码 / 源靖著. -- 北京：电子工业出版社，2017.3
ISBN 978-7-121-30461-3

Ⅰ.①女… Ⅱ.①源… Ⅲ.①恋爱－通俗读物 Ⅳ.①C913.1-49

中国版本图书馆CIP数据核字（2017）第284863号

责任编辑：张　毅　　　文字编辑：徐　岩
印　　刷：三河市兴达印务有限公司
装　　订：三河市兴达印务有限公司
出版发行：电子工业出版社
　　　　　北京市海淀区万寿路173信箱　邮编：100036
开　　本：880×1230　1/32　印张：8.75　字数：242千字
版　　次：2017年3月第1版
印　　次：2025年5月第23次印刷
定　　价：38.00元

凡所购买电子工业出版社图书有缺损问题，请向购买书店调换。若书店售缺，请与本社发行部联系，联系及邮购电话：（010）88254888，88258888。

质量投诉请发邮件至zlts@phei.com.cn，盗版侵权举报请发邮件至dbqq@phei.com.cn。

本书咨询联系方式：（010）57565890，meidipub@phei.com.cn。

前言

华陀给病人诊疗时，能够根据不同的情况，开出不同的处方。

州官倪寻和李延一同到华陀那儿看病，两人诉说的病症相同：头痛发热。华陀分别给两人诊了脉后，给倪寻开了泻药，给李延开了发汗的药。

两人看了药方，感到非常奇怪，问：我们两人的症状相同，病情一样，为什么吃的药却不一样呢?

华陀解释说：你俩相同的只是病症的表象，倪寻的病因是由内部伤食引起的，而李延的病却是由于外感风寒，着了凉引起的。两人的病因不同，我当然得对症下药，给你们用不同的药治疗了。

对症下药，早已不再是医学领域的专有词汇。应用到社交领域便可以理解为：见人说人话，见鬼说鬼话。我们应该如何与女生相处，这取决于跟谁、在什么地方、在什么时间、在什么样的背景下。这可以说是本书的精髓和初衷。有人认为这不够真诚，至少不应该用在追求女生身上。但实际上，没人能够做到绝对的“真诚”。如果真是那样，那么就应该在第一次和女生约会的时候把所有的坏毛病和盘托出，而据我所知，没有任何人会这么做。

最初研究《女生密码》缘于一次偶然的机会，我和我的工作搭档接触到了国外的一个小众亲密关系理论“Pandora’s Box”。它是由美国的两性关系专家Vin DiCarlo提出的。这套理论解决了我们在之前研究男女亲密关系上的一个巨大的疑问——如何才能确定一个方法是真正有效的。

举个最简单的例子，一个男生同时向10个女生表白。在这10个女生的相貌、家庭环境、社交圈都极其接近的情况下，其中有人会答应，有人会拒绝，有人会不答应也不拒绝。我们在研究《女生密码》之前没办法回答为什么会出现这样的情况，而经过几年的努力，我们终于可以正面面对这个问题了。

在这几年的研究实践过程里，我们有一个六人的小团队。其中刘勇对这本书的促成功不可没，他查阅了近30本专业心理学书籍，特别是进化心理学、女性心理学以及性心理学，并且完成了大部分的调查工作。另外我要特别感谢刘念，从依恋关系的角度，帮助《女生密码》在细节问题上做出了完美的修正。此项研究的强度非常之高，实际上，为了让研究全面彻底，我甚至“逼疯”自己，去和那些通常不是我喜欢的类型的女生约会。

很多这个行当的老师都会不加区分地看待一个女生或者一个男生。换言之，他们更注重人们性格上的共性而非个性。通常地，他们会有一套自己的理论教你如何获得女孩的芳心。但可惜的是，这些理论相对单薄，并且只对某一特定类型的女生有效。它们更多的是个人经验的产物。这些东西可能有时候能取得成功，但当我们跳出地牢来看待所有的男性追求所有的女性的时候，我们就会发现，这些依靠经验的理论只能在12%左右的女性身上取得成功。就像是我上面举到的那个最简单的表白例子一样。

假如有两个女生，一个女生一生中仅有三个认真交往的男朋友，她喜欢徒步旅行、看书以及看电影。她不随意约会，而且除了她19岁那年的一次十分消极的性经历外，她只跟这两个男人发生过性关系。

另一个女人仅仅在她大学一年级以及二年级这段时间就已经跟16个男生约会过，频繁地去夜店并且穿得能够引起大量男性注意，她平均每45天就会换一个男朋友。

你认为你可以用同一种方法去追求这两种女人吗？当然不行。

我们把女生分为8种类型，并且深入研究每一种类型的女性在择偶过程中最本质的需求和动机，然后再给出对应的方法和策略，也就是我们提到的对症下药。对于大部分读者来说，方法和策略或许是最吸引眼球的部分。但对于我们来说，一个人的动机和需求才是应该花90%的时间去探索的地方。为了保证这本书的阅读流畅性，我们并没有把所有的探索细节一一列举。

这项理论的研究大量采用了半结构化访谈（semi-structured interviews）方法。半结构化访谈是介于非结构化面试和结构化面试之间的一种形式。它结合两者的优点，有效避免了单一方法上的不足。总的说来，这种面试的方法有很多优势，面试过程中的主动权主要控制在访谈人员手中，同时具有双向沟通性，可以获得比材料法中更为丰富、完整和深入的信息。另外的一个重要原因就是我们所涉及的领域有着很强的私密性。如果用普通的网络问卷调查的方法，几乎很难获得女性的完整的真实信息。但这种调查方法也有一个弊端，就是需要投入大量的人力完成。所以，样本数量不可能达到问卷调查的水准。

由此引发了一个问题：既然样本不够充足，那么如何能保证理论的准确程度呢？这是个很难解释的问题。实际上，我们没办法和几百个女生约会，甚至约会多次，然后记录下她们的表现最后得出结论。我们只能通过推导的方式来解决中间这个部分。举个例子：我们在开始调查之初就根据心理学的成果，设定好一个特定女生性格的中间值。通常在学术上，这个中间值被称为“动机”。然后，我们通过了解她的过去的感情经历、未来的期待等因素来判断她动机之下的需求，再在与之接触的时候去观察这个女生的行为。然后看看三者是否能够统一。如果最后的结果是统一的，那说明我们的判断无误。如果结果并不统一，那我们会继续调查找出原因。当然，在这个过程里面，我们遇到过一些无法被归类的女性。但是这个情况的数量极少，在1/30左右。

在这些女性当中，最小的18岁，最大的35岁。她们的职业有学生，科技工作者，中学教师，公司职员，编辑，会计，艺术工作者，服务行业职工，互联网从业人员，自由职业者等等。她们的学历分布在高中文化到博士之间。我们粗糙地算过一个时间，与每个女生接触的时间平均在5小时左右。

在每一个群体当中，不同性格的人群分布都是不同的。比如在艺术领域中，邻家女孩和灰姑娘的比重会相对较大，而在政府部门里，鉴赏家和现代女性的数量会更多。在高端沙龙上，冰美人和女教父占了更大的比重，而夜店里充斥着花蝴蝶和勾引家。

性别和文化的多样性会影响某个类型的人的数量，虽然实际上从本质上来看感觉型的男人和女人数量是一样的，但社会现象却让我们觉得男人更多的是理智型，而女人更多的是感觉型。很多国家通过文化偏见倡导不同的性格类型，但是如果你仔细观察某个文化中的个体，你就会发现世界各地的人们的性格类型比例大体保持一致。

这个项目将能够让你了解她的性格类型，弄清她的行为的含义，并且给你时间来提前改正你的行为以及走出你自己的固有追女孩方式，所以你能够跟她形成真实的联系感，并且让她跟你在一起。

目录

第一章　理清思路

第二章　女性择偶的三条维度

第三章 刨根问底，女性的核心需求

第四章 判断她的类型

第五章　八类女性的独有特质

第六章　不同类型的应对方法

第七章　扩展技巧阅读

第一章 理清思路

绝大部分的男男女女都是按照自己的经验和感觉来判断对方的性格，并与之相处。这就像是一个立方体，立方体的每一个角就是一种人格。没有经验的人就像是站在立方体的中间，他的视线只能看到某几个点，而看不到整个立方体。这就导致当一个男人去追求女人或是与女人长期相处的时候总是不能理解对方的行为，不能懂得对方的心思。本应该是水到渠成的事情，却因为某种原因支离破碎。

1.1 为什么要对女人进行分类

我们都有过生病的时候，就拿简单的发烧来说，当我们去医院挂号看病时，医生会先问我们许多问题，比如会不会流鼻涕，小便是什么颜色，喉咙是否干涩等等。如果光靠口头交流无法得到准确的答案，那么我们还会被要求做各种各样的医学检查。发烧的种类尤其多，有颠倒热、双峰热、不规则热等等。当医生确定了我们的具体病因之后，才会给我们提出治疗方案，有些需要打针，而有些只须吃药。如果所有的病症都是用同一种药，那么就有可能出现强烈的副作用以至于损害身体健康。

越是高明的医生越知道诊断和分类的重要性。医学讲究的是对症下药，只有这样才能做到药到病除。除此之外，我们在日常生活中也时时刻刻都在进行着分类工作。当我们起初认识一个人的时候，我们就会根据他的言行举止和社会价值来给他定位。有的是你的潜在投资人，有的是你的好朋友，有的是你的情人等等，而当你将他定位在哪一个层面上，你就会自然地按照相对应的模式去与他相处。你不会向你的投资人抱怨最近生活的不顺，也不会向你的情人借钱。

纵观两性关系，少有一套完整的理论来指导实践。绝大部分的男男女女都是按照自己的经验和感觉来判断对方的性格，并与之相处。这就像是一个立方体，立方体的每一个角就是一种人格。没有经验的人就像是站在立方体的中间，他的视线只能看到某几个点，而看不到整个立方体。这就导致当一个男人去追求女人或是与女人长期相处的时候总是不能理解对方的行为，不能懂得对方的心思。本应该是水到渠成的事情，却因为某种原因支离破碎。

我自己也经历过这样的事情，当我追求一个女孩的时候，我以为我就要成功了。于是我精心准备了鲜花和表白台词。可当我面对她说出来之后，得到的却是赤裸裸的拒绝。然后我会和你陷入同样的思考——她到底是怎么想的？更多的情况是你作为男人出于好心去关心一个女人，处处为她着想。可就从某一天开始，你发现她开始慢慢地不回你的短信，也不再给你打电话。你开始焦虑、迷茫，试图联系到她，直到你被她拉进黑名单为止。

当然，也不是没有正面例子。有些时候，你会发现你很轻松地就赢得了一个女人的芳心，甚至你什么都没有做，她就喜欢上你了。我不知道你是否思考过这其中的逻辑和原理——为什么同样是你，有的人会喜欢你，有的人会排斥你？有人会说，是因为长相吧。我起初也是这么认为的。但是在我们调查的 1000 多个女孩当中，只有很少的人对男人的相貌有明确的要求和标准，更多的人其实对男人的长相并不敏感，只要“过得去”就可以了。另外，人们对长相的宽容度其实是很大的。假如我给你看 10 张不同类型美女的照片，你会发现，10 个类型的美女你都会喜欢，即使其中有不同种族的人。但实际上，她们的相貌差别是非常大的。

另外，进化心理学也明确指出，女人更加看重的是一个男人的“生存价值”，也就是他是否有足够的能力扶养他的妻子和孩子。这意味着他需要能够赚钱养家，能否获得更多的社会资源，以及更高的社会地位，而不是他长得有多帅。女人最爱说的一句话叫作“帅又不能当饭吃”。我想是对的。所以，我并不认为男人的长相在女性择偶过程里面占了多大的比重，相反，它只有着微弱的影响。

当然还有太多的例子不能一一列举。总的来说，每一个人都有自己喜欢和习惯的社交模式。但就像没有两片相同的雪花一样，我们不可能将我们遇到的每一个人作为一个类别去研究，这样就失去了实践意义。所以，为了更方便地让我们去探索追求女人的规则和策略，我们可以对女人做一个科学而简单的分类。如此，我们就可以针对每一个类别制定出一套相对应的追求方法和相处策略。

1.2 她是如何成为她的 你又是如何成为你的

心理学认为人的性格是一个错误的自我（false-self）的体系。“真正的自我”是自然中的精神。它在人的早期生活中被掩盖了，因为人总是在关注于生存的需要，人在求生的过程中，一定程度上改变了自己的本性。随着时间的流逝，我们对自我的塑造逐渐成形，我们越来越强烈地感受到自身的性格特征，也越来越依赖于习惯性的感知，结果我们看不到自己真正的本性。我们形成了我们的性格，或者说是错误的自我。

虽然我们都在使用我们塑造过之后的性格与他人相处，但是天性依然是天性，我们的行为或许会和我们的天性有所偏差，但总体上是吻合的。中国人有句老话叫作“三岁看大，七岁看老”，指的就是从一个人的小时候就可以看到他一生的性格特点。一个人在童年时代的性格特点，和他成年之后的性格特点变化不会很大。这句话是符合心理类型理论的。不仅如此，很多心理学家都倾向于认为一个人从出生开始，就已经具备了某种性格类型倾向。

老话说：“性格决定命运。”那么，什么又决定了性格？

目前学术界普遍认可的一点是：我们每个人的性格类型都是先天遗传下来的，并且受到童年经历的影响。事实上我们也会发现，人们的性格特征总是受到小时候的生活环境、家庭环境等等因素的影响。比如，一个穷苦家庭的孩子往往会更要强，在童年时期他就感受到了阶级的差异性，所以他早早地就懂得了赚钱的重要，在不能依靠家庭的情况下，他只能依靠自己的能力来获得财富。久而久之，他就养成了吃苦耐劳的品质。

另外一个有趣的例子是 BBC（英国广播公司）曾拍过一部纪录片——《人生七年》（56*up*）。导演选择了 14 个不同阶层的孩子进行跟踪拍摄，每七年记录一次：从 7 岁开始，14 岁，21 岁，28 岁，35 岁，42 岁，49 岁，一直到 56 岁。几十年过去，还是那个导演——从青年到老年，还是那群人——从儿童步入老年。令人惊讶和惋惜的是，富人的孩子依然是富人，穷人的孩子依然是穷人。7 岁的孩子大部分都天真浪漫，上层阶级的小孩上着昂贵的私立学校，每天看《金融报》或者《观察家》，他们明确知道自己会上哪个高级中学、大学，然后成为律师之类的人物。中产阶级的男孩也有一些梦想，反对种族歧视、帮助有色人种或者到哪里上学读书；女孩子则想着长大了嫁人生子。在穷人区贫民窟上寄宿学校的下层阶级的孩子甚至谈不上什么梦想，有人希望当驯马师赚钱，有人希望能有机会见到自己的爸爸，吃饱饭、少罚站、少被打这些也成为了他们的愿望。

在他们 56 岁的时候，当年那几个富人家庭的孩子已经按照既定路线上了牛津大学，然后都做了著名律师，过着上层社会的优越生活，受人尊重、家庭幸福。中产阶级的男孩子有三个也上了大学，第一个 Bruce 牛津大学数学系毕业后成为了一个中学教师，按照他的理想帮助穷困地区的学生，后来回到英国，在一个普通的公立学校教书，过着平淡也还安静的生活；另外一个农家子弟 Nick 从牛津物理系毕业后，到美国成为美国著名大学的教授，第二次婚姻中娶了一个身材、外貌、气质极佳的美国妻子，他是这里面唯一一个成功晋级精英阶级的人；男孩 Peter 则是一名普通的公务员，家庭稳定幸福，儿女双全且优秀，和自己的美丽妻子业余时间一起创办乐队进行创作表演并在业内取得很不错的成绩，身材修长、气质优雅，他们依然稳定地处在中产阶级这个梯度里。不过那些中产阶级出来的女孩子则表现都很平淡，无一例外地嫁人生孩子，她们的人生幸福程度几乎与她们的婚姻美满程度完全挂钩。那几个来自底层社会阶级的孩子（有色人种居多），他们年老以后，都当了一堆孩子的爷爷奶奶，而他们的孩子，极少能上到大学，做的都是普通的服务性工作——修理工、保安之类。他们自己，常与失业相伴，如果没有好的社会制度，他们其实处境堪忧。

这些例子都可以比较好地证明我上面所说到的观点。一个人的性格受童年时期的影响巨大，而童年期度过之后，性格将趋于稳定。除非有某种重大的人生经历发生，不然很难改变。

虽然性格类型是先天遗传的，但是后天的环境和人生经历都会对我们的性格类型有所调整。因此荣格认为，人们的性格类型有两个基本特征：第一，性格类型的产生是先天遗传的结果；第二，后天的性格塑造是可能的，也是积极的。

既然性格类型是先天遗传的产物，那么，当我们分析一个人的性格问题时，就要扩大分析的范围——从这个人的行为表现扩展到他的家庭环境和教育经历之中。也就是说，性格特征的形成不光有自己的原因，同样也有家庭的影响。这和他的童年的经历密切相关。只有扩大视野之后，我们才能够真正地找到性格优势和缺陷的根源所在，从而制定出科学的方式和策略来与之相处。

1.2.1 性格是天生的，但会随着后天塑造呈现出不同的样子

每一位生过两个或者是更多孩子的母亲都会告诉你：每个孩子都有着独特的个性。从一开始，每个孩子生来就带有一系列独一无二的特征，这意味着：我们在子宫里面就已经是独一无二的了。

每一个尚在子宫中的孩子都会表现出迥异的行为。一个胎儿要求更多的活动空间，咬咬脐带，并拒绝接受妈妈吃下过多的食物。另一个胎儿则处之泰然，只要能够安稳地躺在母亲肚子里就感觉很满足。这就像是没有两个指纹是一模一样的，但是我们依然能根据不同类型的指纹对所有的指纹做出一个基本的分类。性格也不例外，虽然我们每个人的性格都不可能一模一样，但是我们依然可以对每个人的性格做出一个分类。

一些心理学家认为，孩子的性格直到 5 岁才完全成形。有的理论则认为性格永远不会定型，它在漫长的生命旅程中逐渐发展并成熟。这或许是定义上出了偏差。后者指的并不是我们的性格，而是个人的成长经历，或者说是个性。很明显，我们的环境影响着我们——文化，性别，智力或是身份，甚至连思维方式和行为方式都是其中的因素之一。但是这些并不是我们的核心性格。正因为如此，《女生密码》才拥有如此强大的威力。在某个人的核心性格中，“她是谁”从未改变过。她或许可以对它进行修正，但是她并不能改变它的核心本质。

人们经常在日常生活中寻找自己行为方式的理由。当一个人做了一件令人赞许的事情之后，他很可能把原因归结为自己的天赋。反之，当一个人做了令人沮丧的事情之后，他同样也可能把原因归结为自己的性格。不论这些理由多么强烈地影响了人们对自我的定义，在人的一生当中，我们不得不将我们的核心驱动力与许多影响因素进行妥协。有时候，先天和后天的因素互相优化，但有时候也可能互相冲突。

1.3 性格能够改变吗

前文我们提到了，后天的性格塑造是可能的，也是积极的。这就是说，在后天环境里面，一个人的性格依然有可能会有不同程度上的改变。我们不是遗传性格的被动接受者。人们会因为后天受到的重大人生事件从而改变自己的性格，也可以挺过后天的系统性格训练来达到改变的目的。

虽然性格是可以改变的，但我们通常指的只是一定程度上的改变，不可能做到完全改变。也就是说，一个乐观的人有可能在乐观的基础上调整他乐观的性格，比如积极、开朗等等，但不可能由乐观直接转变为一个悲观的人。性格类型是先天遗传的，同时也是环境和时代的产物。每个人的童年遭遇都是独特的，成人之后的经历也是多样性的。后天环境会对一个人的性格有一定调节作用，比如巨大的生活创伤、人生变故、职场危机、大悲大喜等等，这些都会给一个人的行为举止带来变化，但不会让一个人的性格出现“180 度转弯”。

一个外向性格的人也会常常陷入抑郁，但他本质上还是一个外向的人；一个内向性格的人偶尔也会表现得非常开朗和活泼，但这不代表他就变成了一个外向者。在我们的分类当中，理智型与感觉型，合理解释型与回避型，测试型和投资型，人们必居其一，不可能两者兼得。就比如一个理智型的女人也会在微醺之后想起那些陈年往事，情到深处时，她会哽咽，也会流泪，甚至会对着天空吼叫。这些感觉型的人们才会有的行为也可能出现在一个理智型的女人身上，但不代表她就是一个感觉型的人。再比如，一个测试型的女人也会在认识一个心仪的男人之后坠入爱河，一心一意地对待她的伴侣，但在分手之后她依然会回到那个“测试不同男人”的状态中去。也就是说，她虽然在恋爱过程中看起来像是一个投资型的人，但实际上她的性格类型并没有改变。

我知道这些听起来有些复杂。别急，慢慢来。其实它比解一道二元一次方程更加简单。

1.4 你追求女人从来都是用同一套战术吗

我们来看两个例子：

一个女人从小在一个健康、稳定的轨道上成长。她喜欢旅行，喜欢音乐，喜欢看书以及电影。她的家教很严，不会随便和男人约会。平时的娱乐活动除了在琴房练琴之外就是和闺蜜逛街。她22年以来只交往过一个男朋友。

另外一个女人在7岁那年遭遇了家庭的分裂。父母离异，她跟着爷爷长大。16岁来到大城市，在酒吧里找了一份站台女郎的工作。她习惯了穿着性感来吸引男人的注意力，并且知道如何从客人那里得到小费。她交往过许多男人，并且也有着不少的性经验。

你认为你可以用同一套方法和策略成功地追求到这两种女人吗？如果你的答案和我一样是否定的，那很好，我们继续往下看。

我们做一个最简单的分析。前者这个女孩她从小都不缺爱和财富，但是稳定的生活轨迹让她缺少了一份对生活的热情和刺激。她有着简单而健康的朋友圈，与酒色笙箫无缘。在这种时候，给她带来新鲜和刺激往往能够赢得她的芳心。因为那正是她需要的，每个人心中都有一缕狂野的本性。有人把这种本性称之为“狼性”。假如你能够带着她遇见未知的自己，那么她将很容易喜欢上你，因为这么多年来，你是唯一一个直抵她内心的男人。后者从小就开始在社会上摸爬滚打，她见过太多男人，她爱过也被爱过，骗过也被骗过。著名的香奈儿小姐就是如此，很明显她最需要的是一个温暖的港湾。她在世界上漂得太久，已经很累了。如果你能够带给她后半生稳定安逸的生活，那么她将很有可能选择你。这也可以说明为什么我们总是看到公主和痞子结成连理，而麻雀却和王子惺惺相惜了。

1.5 你能够学到什么

如果你只是把这本书当作一本工具书来看待的话，那么你低估了它的力量。这本书通过女人择偶策略中的三条维度将女人分成八类。我将详细为你介绍每一种类型的核心动机和行为特点。所以，我希望你能够通过阅读本书，学到以下能力：

你将能够看穿任何一个女人的内心，不是指她此刻的想法，而是你能够针对她的情绪和行为做出高度准确的预知。

你能够理解女人的每一个行为，以及它背后的动机。简单地说，你将会对女性心理有一个全面彻底的了解。女人会感觉到你的敏锐、温柔，并且会认为你和其他男人不同。

你将能够有能力影响女人的行为和思维。因为你将比她自己更加地了解她。在她面前你就是心理专家。这会给予你足够的权威感和说服力。

你将能够真正意义上地去“爱”一个女人，不仅仅是单纯的郎才女貌，而是心灵上的契合。去爱她的人格、她的天赋、她的智慧、她的缺陷，以及她的灵魂。

1.6 性爱是起点，而不是终点

笔者认为，在此有必要提出这个敏感的观点。自古以来，交配权就是男人争夺的目标。在动物界也是一样，一个狮群中的雄性领袖拥有优先的进食权和交配权，而其他的雄狮只能够排在雄性领袖之后，当其他雄狮有能力打败目前的领袖时，交配权就会转移到它手上。

这本书确实能够教给你绝大多数的男人都不知道的秘密，并且帮你获得相对优先的交配权。但是我不希望你只有这么一点追求。就目前来看，婚前性行为的数量越来越多。或许有些女人在和你发生性关系之后会认真地思考你们的未来，但还有相当一部分女人在和你发生性关系之后并不把它当一回事。所以，如果你想要真正意义上地追求到一个女人，就请记住：性爱不是终极目标。

同时，我们排斥那些玩弄女人身体的男人。我们不希望把炸弹交到坏人手中。我希望你能够在阅读本书的时候正视自己，也正视女人。她们不是男人的附属品，更不是男人的性玩具。请认真地对待你遇到的每一个女人，即使她只是你生命中的过客，也要珍惜你们在一起的时光。

1.7 你无法获得长期关系是因为你不了解对方

同样，《女生密码》对那些能够快速获得女人好感，却无法维持一段长期关系的男人也很有用。感情中充满了潜在的危机与挑战。两个人的相处和生活都存在着太多或大或小的事情，这些事情麻烦琐碎，特别是两个人的想法不同、态度不同、方式不同的时候，往往就会引发一系列的矛盾，最终导致感情的破裂，这让很多人感到困扰。绝大多数的情愁，其实都源自于情侣间性格的差异。差异往往会引发很多的矛盾与分歧。我们有时候无法认识自己的性格，更不能简单地获悉对方的性格。这就像是两个被蒙上双眼的人，谁都看不清楚对方的样子。所有感情矛盾中，一定有一部分属于性格冲突或是性格不合所致。当一个人不懂得对方的性格特点时，他就不能够理解对方的行为，从而导致感情的巨大波动和曲折，也给双方造成很大的心理创伤。更令人吃惊的是，大部分分手的情侣都对这些矛盾的根源一无所知。虽然付出了巨大的努力，但盲目地向前和错误的方向依旧让双方越闹越僵，从此沉沦下去。

1.7.1 性格会导致分歧

俗话说："幸福的婚姻都是一样的，不幸的婚姻各有不同。"其实"，一样的"指的是双方都拥有良好的心态和积极的沟通方式，而"分歧"实质上是对同一件事情的不同认识和理解。当两个人的价值观不同的时候，就倾向于做出不同的选择。事实上，世界上并没有所谓的"完美契合"，只有“相对契合”。因为性格是非常复杂且矛盾的，再互补的两个人走到一起，依然会因为一些边缘性的事件磕磕碰碰，只是他们不会像很多恋人一样在大是大非上面出现巨大的分歧。所以，沟通就显得尤其重要。有时候，拥有良好的沟通方式和沟通策略，也可以弥补许多性格导致的冲突。

在很多人看来，恋人之间的吵架就像是在打仗，有政治上的对弈，也有武力上的交锋。两个人据理力争，甚至还会殃及朋友和亲人。其实，吵架是一个好事情。因为，争论本身就是沟通的一种方式，绝大多数的感情中发生的吵架并不是因为感情破裂，而是因为在一些客观事件上面恋人双方出现了分歧。也就是他们在生活方式、价值观、道德观等方面无法达到统一，才会用吵架的方式来沟通。

1.7.2 掌握性格能够避免矛盾

两个人朝夕相处在一起，这个漫长的生命历程需要双方的性格磨合很长甚至是一辈子的时间。积极地去认识彼此的性格，是沟通的一个好方式。有些人成功地挽回了感情，而有些人却因为亡羊补牢而错失了一段美满的感情。本书将从你认识一个女人之前就教会你如何鉴别她的性格特征。这不仅有利于你知己知彼，去成功地追求到她，更能够为你们的长期关系起到一个指导性的作用。

我们都见过这样的例子，一对恋人在房间里吵架，女人认为男人总是不愿意陪伴在她的身边，她心存怨恨许久，终于忍不住对男人吼了出来：“你为什么总是不花时间陪我，就知道工作工作工作！”男人一听到这句话立马来了火气，他想，自己把每一分赚来的钱都花在了这个女人和他们的未来上面。她怎么还是不依不饶？于是他也大声喊着：“你以为我工作是为了什么？还不都是为了你吗！”

这是一个典型的因为不懂得对方性格特点而产生的矛盾。我们可以看得出来，这个女人是一个感觉型、感性的女人。她希望她的男人能够更加浪漫一点、温柔一点、体贴一点。她认为完美的爱情就是“两个人的时光”。她就像是经典电影里面的女性角色一样，可以为了爱情离家出走，茶饭不思甚至是献出生命。

这个男人是一个典型的理性的男人，他希望可以赚更多的钱来支撑起他们的感情和未来。他认为对女人好就应该在她身上花钱，为她提供足够的物质财富。他更愿意将自己的精力更多地集中在事业上，他有着宏伟的职业生涯目标，而对于这个目标，他会深思熟虑，并且坚定地执行。

男人认为自己已经非常爱她了，而女人却没有感受到。假如他们都知道彼此需求和性格特点，或许在一开始就能避免掉这个矛盾的出现。男人会将赚来的钱花在一次长途旅行上面，而不是给她买昂贵的衣服；女人会更加珍惜男人用辛苦换来的财富。

性格是先天遗传的，长期稳定的。因为性格冲突而造成的情感问题，是隐藏在内心深处的。在日常生活里，我们都感觉不到自己和对方的性格，无法把握自己和对方的性格，一旦和恋人的性格类型彼此产生冲突，那么，双方相处一定会出现很多麻烦。如果双方都不了解冲突的根源，就很可能对感情造成致命的伤害。

1.8 性格不分好坏，与道德无关

我们有时候很容易通过道听途说去对一个人做出主观判断。道听途说反映的是外界对一个人的印象和评价，基于客观的立场和翔实的资料所反映的内容大体可信。但是这个方法也有先天的缺陷，就是评判的主观性很强，影响分析结论的公正性。当一个人对另一个人有着负面看法的时候，他就很容易将这种负面看法传递给其他人，从而使其他人对这个人也有着负面看法。这是非常不公正的一个现象。这个人很可能因为这些流言蜚语而错失掉良好的社交机会。

所以，我们不能完全凭借他人的评价，来鉴定一个人的性格。而且，性格鉴定并不是道德评判。这本书中的8个类型，不是8个道德判决。性格与道德无关，不分好坏，也不分对错，更不分是非。每一种类型都有着其优点和缺点。请你牢牢记住这一点。

1.9　性格与个性

关于性格的定义从来饱受争议。很多人喜欢把一个人的一切行为都列入到性格的范畴里面。笔者认为，性格是天生的。事实上，有很多心理学家给“性格”、“性情”或是“气质”下了众多的定义。哪怕是你从不同的字典里面查找同一个词，得到的结果也可能会有所不同。

为了避免大家陷入困惑或是文字游戏，我将人天生的本性、天性等等因素定义为“性格”，而我们通过后天磨炼获得的行为习惯的总称定义为“个性”。

性格和个性不能分离。当我们试图去判断一个人的性格的时候，我们必须通过他的个性去分析、去观察他的行为特征，再结合他的性格，就能够得出相对客观的结果，并针对他的特点和他相处。同样地，当我们去评判一个人的个性时，我们也应该从他的性格层面进行分析。如此我们才能够知道为什么他会做出各种各样的行为，并且预测他的下一步动作。

认识这点也有利于你自己。因为你不能光知彼，还需要知己。有些人抱怨上天不公，然而至少在一点上面，老天是无比公平的——那就是当赋予你性格时，一定会将这种性格的优势和劣势同时给你。不可能只给你优势，也不可能只给你劣势。所以，我们要在与女人相处的时候不忘提升并完善自己。这不光是对我们自己负责，同样也是对你的伴侣和你们的感情负责。

1.10 性格是人的行为密码

性格是我们每个人思想和感情的核心。它告诉你我们怎样才能够举止得当。这是一份基于强烈的价值观和信仰的回应清单，指导我们如何对每一个生活经历做出感性或是理性的认识以及反应，甚至还决定了我们对他人行为的下意识反应。性格是每个个体内部的一个积极的过程，决定了我们的感受、思想和行为。

人们的性格就像是我们的守护神一样守护着我们每一个人。如果没有明确的性格特征来指导我们的生活，我们就会迷失自我。比如当一个女人在学校被同性朋友排斥的时候，她会沮丧、愤怒，紧接着她也会主动疏远她的这些同性朋友，并且在心里认为她们是错误的。她会告诉自己，因为她们不懂她的性格，所以才会导致这样的结果。然后她就会开始寻找新的朋友——那些能够和她的性格融合的人们。她的性格总在担心，怕她遭到抛弃、忽略或是拒绝。它会保护她，并且保持高度的一致性，拒绝变化。她的性格不会去成为另外一种性格。通常情况下，她很乐意接受她的性格。只不过，对于其他人就不一定了，因为其他人也有自己的性格，并且同样不会改变。

在日常生活中，性格解释，接纳并且指引着一个人。每个人都需要自己行为的个人代码，而它却极度抵制变化。这就给了我们去研究并且实践与不同的女人相处的方法的可能性。正因为人的性格足够稳定，所以我们可以设计出惊人管用的社交套路。

1.11 性格并不能解释一切

一段两性关系当中或许会有种种难以解释的现象。当一个女人突然提出分手的时候，有非常大的可能是因为她和伴侣的性格不合，或是因为她的性格决定了她的择偶机制是从不同的男人当中挑选最优秀的那一位。但很多情况下，除了性格之外，还有很多客观因素会导致一段关系的破裂。比如像当父母介入一段感情并且阻挠感情的延续时，其中的一个人就很可能迫于压力而选择退出。这与性格无关。再比如你已经知道怎样去和一个感觉型的女人相处，怎样去照顾她、去打动她，但是最后你依然没能成功地吸引这个感觉型的女人，因为她认为你的相貌达不到她的要求。所以，性格并不能解释一切。

在后面的章节里，我会教给你如何用固定的模式去和任何一个女人相处并且吸引到她。但是请记住，没有一个模型能够完全囊括现实生活中发生的情况，甚至连超级计算机也只能够预报 8 天左右的天气而已。

我将告诉你每一种类型的女性都拥有什么样的特点和弱点，并且教你一步一步地俘获她的芳心。

我们有的是时间，慢慢来。

第二章

女性择偶的三条维度

女人到底会因为什么原因而选择一个男人？很多人都在尝试回答这个问题，或许这个问题并没有准确的答案，但我们依然可以从不同性格的女人最终的择偶机制里面找到一些蛛丝马迹。在这里，我们找到了三条最重要的维度。它们将解释绝大部分女人选择一个男人的原因。

2.1 哪些因素决定了女人的择偶机制?

在一个女人成年之后，她就面临着选择未来伴侣的压力。这实在不是一件容易的事情，女人都希望找到对自己更好、更有钱、更有魅力的男人作为伴侣，并且和他繁衍后代。我们做一个粗糙的计算：一个女人上高中之后可以认识 150 人左右；大学期间在 300 人左右；工作后单位同事在 300 人左右。以后每天按 1 人计算，计算 10 年，大约是 3600 人，减去一半是 1800 人左右。也就是说，从 16 岁到 32 岁之间的这 16 年间，她需要从 1800 个男人中选择一个人作为自己的伴侣。

仔细一点的人看到这里，大概就会抛出疑问了。为什么我身边算来算去，也就几个人，何来的 1800 个人？当然，这只是我们的一个假设，而事实上并没有我们想象的那么复杂。因为女人在长期演化的过程中已经形成了一些特定的择偶规则。不同的人会选择不同的择偶方式，这些择偶方式会帮助她快速地筛选掉大部分的人。这一过程是在她的潜意识里完成的，用通俗的话说，叫作“根本不经过大脑”。好的，在这之前，先让我们来看看女人在择偶过程中会面临的三大主要矛盾。也是这三大矛盾，决定了不同的女人有不同的择偶策略。这是她们自己也不知道的秘密。

2.1.1 第一大矛盾：精挑细选还是随遇而安?

心理学家说，“爱情的终极目的是繁衍后代”。对于女人来说，最合适的生育年龄为 23 到 30 岁之间。孩子的机体来自父母，并在母体内经历最初的生长孕育阶段，母亲的身体状况对后代的影响至关重要。随着时间的推移，女人的繁殖价值递减。所以，对于每一个女人来说，在合适的时候找到合适的人就至关重要。反观男人就没有这个困扰，当代社会对男人的评价是“越老越吃香”。

但有一个严重的问题，因为有太多不确定因素，所以去确定一个男人是否可靠是需要花很多时间的。就好像一个女人在恋爱的第四年才终于发现她的男人并不适合她。有歌词写道，“可笑到想要你赔给我时间”。这无非是对感情失败的女人最真实的心理写照。事实上，很可能因为一个错误的男人而导致一个女人错过了最佳的生育年龄。这就是为什么我们可以看到很多“剩女”都非常热衷于相亲。因为她们已经感觉到自己的时间不多了。相亲简单粗暴，看对就成，看不对就散，可以大大地帮她们节省时间。一个女大学生就不会频繁地相亲，甚至她还会对献殷勤的男生置之不理。因为她知道，她有着大把的时间来精挑细选一个合适的男人。

所以，女人希望在合适的年龄里面找到一个合适的伴侣，但时间非常紧迫。我确定，这个矛盾每一天都在潜意识里困扰着每一个未婚女人。

2.1.2 第二大矛盾：贤妻良母还是自给自足?

自远古时代以来，女人就承担起了生儿育女的责任。由于体质和力量上的差异，男人负责外出打猎，为家庭提供食物，而女人则扮演着“后勤”的角色。因此女性的基因以及生物本能决定了她们以家庭为核心。做饭、带孩子成为了她们的日常工作，也就是扮演贤妻良母的角色。由于社会的发展，渐渐地，维持生存不光只是依靠体力劳动。相反地，脑力劳动可以更多地提供生存资源。这就给了女人一个发挥的机会。她们可以不用依靠男人维持生存，也可以自给自足。

虽然大部分的女人都会选择做一个贤妻良母，但我们可以看到，越来越多的女人选择了在事业和工作上投入更多的精力，并且生活得不错。究其原因，是因为女人必须承担着失去伴侣的潜在风险。比如丧偶、离婚，或者没有找到合适的伴侣等等原因，都会打破原定的规则和身份。新出台的《婚姻法》对房屋所有权的规定也促使女人不得不为失去伴侣（生存资源）而提前做好准备。

由于女人天生就带着强烈的母性，但社会给予的压力又使得她不得不为自己考虑，从而获得自给自足的能力。这是女人择偶的第二大矛盾。

2.1.3 第三大矛盾：开放还是保守？

让我们回到性这个永恒的话题上来。无论性别，很多人对于性都有偏见和错误的认识。世俗的观念认为，在性爱过程中，女人属于被动的一方，并且男人在这一过程中属于享受的一方。对于性，男人是渴求的，而女人是抵抗的。女人在童年就被教导凡有关性的东西就是淫荡、下流的，让你的情欲兴奋的东西是不好的，这些观念早已根植于心。可事实上并非如此。Nancy Friday 在她的《女人的秘密花园》（*My Secret Garden*）里面揭开了女人对于性最真实的一面——女人也渴望性。被奉为“女性主义圣经”的《第二性》也对此有过证实。

但无论中西方，现实情况是：渴望性的女人会得到周围人或多或少的负面评价。这也就意味着，作为一个女人，如果你和很多男人发生了性关系，则很可能对你的声誉产生非常巨大的负面影响，而这种影响会直接影响到你的择偶市场。每一个女人的潜意识里都很明确这一点，她们知道男人不会愿意娶一个到处乱搞的女人作为妻子。这也就是为什么有时候女人明明很喜欢一个男人，但在男人试图和她发生性关系的时候，她会不自主地抵抗，甚至连她自己都不知道这是为什么。

至于男人就没有这部分问题，相反，世俗的观点认为，一个男人拥有女人的数量是和他拥有财富的数量成正比的。所以，即使女人也享受性爱的过程，但是她们依然会强迫自己不被看成婊子。也就是说，作为女人择偶的第三大矛盾，她们往往心里很想要和一个男人亲密，却不得不故作矜持。

2.2 这是一切的基础

在所有女性的择偶过程中，都会面对这三个矛盾，而这三个矛盾会强迫她们选择一个主导策略，并且形成路径依赖，成为她们个性的一部分。面对这三个矛盾，女人会在行为上呈现出差异。同时也决定了哪些人和事会吸引她，又有哪些人和事会让她感到反感。

作为男人并不会有这些困惑。那是因为男人和女人的思维方式不同。如果你想要精通《女生密码》，建议你把这部分内容梳理清楚，这是一切的基础。它对你真正意义上了解女人会有巨大的帮助。因为这些问题时时刻刻都在困扰着你的她，而她们也对此习以为然。世界上绝大多数男人都不知道这些。更重要的是，女人都会默认男人应该懂得这些。只有真正地了解了女人，才能利用这些矛盾，帮助你对症下药，拥有超乎寻常的能力。

下面，让我们进入真正的主题。

2.3 你即将学到的一切，都源于这六类女人

当我们知道了女人在择偶过程中面临的最重要的问题之后，我们就可以针对这些问题来看看不同的女人会有怎样的反应。事实和我们预想的一样复杂，不同的人有不同的选择。但在这些看似杂乱无章的选择里面，其实有着清晰的逻辑。

2.3.1 测试型—投资型

正如我们上面所讲到的，女人需要在短时间内从很多异性当中找到一个适合自己的伴侣。因此，女人们会演化出两种应对策略。

测试型：同时和多个男人交往，把她自己的时间平均分给每一个男人，并且“测试”他们。在一段时间后，筛选出最适合繁殖的人选，与他结合。这就像是她在逛网络商城，同时比较多个店铺里的商品，最终选择一个她认为质量最好、价格最优的店铺交易。我们把这一类女人称为测试型。又比如她是一家大公司的董事长，公司需要一个新的 CEO，而且必须在短期之内上任。测试型会选择同时试聘多个人，让他们试岗一段时间，在这期间评测他们的水准，最终正式聘请表现最好的那个人。

投资型：选择一个她认为最有潜力（或是对她具有特殊意义）的男人，并且全身心地投入其中，在一段很长时间内，用自身的努力和精力去改造这个男人，使他最终成为各方面都符合她心意的对象。我们把这一类女人称为投资型。同样地，用网络购物举例，她在某个店铺买过一件商品并且

体验很好，接下来每当她要买同类商品的时候将会优先考虑这家店铺。即使这家店铺的价格较高，她甚至会联系商家讨价还价。或者作为一家大公司的董事长，公司需要一个新的 CEO，而且必须在短期之内上任。投资型会选择聘请一个她们认为有能力的人，并在之后的时间里亲自把他培养成一个合格的 CEO。

从表面现象来看，当今社会越来越多的女人会被贴上测试型的标签。因为我们正处于一个碎片化的时代，一切都来得太快，也走得太快。我们可以看到很多人频繁地换对象，感情很难沉淀出结果，甚至是廉价的。但事实并非如此，虽然我们可以看到一个投资型的女人也会时常和不同的男人出去，但这不意味着她不再属于投资型了。这是由社交压力和信息发展水平决定的。比如她的上司以工作为理由约她出去，那么她无法拒绝。同时，现在的信息水平基本上可以帮你约到任何一个你认识的人，只要你拥有正当理由。你要知道，在没有手机的年代，约女人出门可是一件困难的事情。

别紧张，在下一章里面，我会教你如何准确地判断一个女人的维度以及确定她的最终类型。

2.3.2 感觉性—理智型

面对社会给予的生存压力，女人在这条维度上亦会分化出两种截然不同的应对策略。

感觉型：把更多的精力放在恋爱和感情上面。在她们的人生字典里没有女强人这个词。她们一生都在追求浪漫的感情和完美的对象。对于物质条件，她们或许不那么看重，而更愿意相信爱情的力量。我们把这一类女人称为感觉型。举个例子，假设她现在高中毕业，有两所大学可以选择，一所离家很近，但师资力量平平；一所离家很远，但师资力量雄厚。排除一切客观原因，作为一个感觉型的女人更容易倾向于选择前者。因为如此她便可以拥有一个熟悉的环境以及亲人的陪伴。

理智型：把更多的精力放在工作和学习上面。表层意识告诉她们有一天她们终将结婚，但潜意识里却摆脱不了社会给予的压力，这使她们不断地追求上进、财富和地位。这也是我们可以看到的有很多“剩女”出现的原因之一。我们把这一类女人称为理智型。同样地，假如这个女人现在高中毕业，有两所大学可以选择，一所离家很近，但师资力量平平；一所离家很远，但师资力量雄厚。排除一切客观原因，作为一个理智型的女人更容易倾向于选择后者。她的想法是：好的大学意味着好的未来，而且人以群分，好的大学里面的男人也会更加优秀。为了这个结果，我可以承受这些所带来的痛苦。

值得一提的是，大多数女人会选择用美好的时光来谈一场恋爱，而不是选择去做功课。女人和男人有很大的不同，这是由女人的生理结构决定的。对于女人来说，想取得事业上的成功，就必须付出比男人更多的心血和努力。很简单，如果一个女性想成为一个优秀的企业高管，这至少需要五到七年的时间。这就决定了她在这五到七年内，必须把大部分精力投入到工作和深造中去，不能结婚生孩子，否则身心很难集中。男人则不同，他们没有生育所带来的麻烦和困扰。

2.3.3 合理解释型—回避型

面对性关系所带来的社会压力，女人们又会采取什么样的应对策略呢?

合理解释型：坦然地接受这一切。对于她们而言，性不是一件什么大不了的事情。只要不足以毁掉自己的未来，她们很愿意接受和对的人发生性关系，并且不会太在意旁人的想法。我们把这一类女人称为合理解释型。举个例子，在一个聚会上，一个陌生的男人邀请她共跳一支舞，作为合理解释型的女人，她会很乐意接受。

回避型：对有关于性的一切都采取回避态度。是的，我们可以将她们理解为传统的那一类女人。她们不愿意快速地和一个男人发生性行为，即使她很中意这个男人。她们非常担心在别人眼中成为一个不诘之人。更加关键的一点是，她们也会对异性的肢体触碰感到反感。我们把这一类女人称为回避型。如果在一个聚会上，一个陌生的男人邀请她共跳一支舞，作为回避型的女人，她可能会拒绝。但当这个男人坚持一会儿的时候，她也许会同意。因为第一次拒绝是由她回避型的本能决定的——对于性和肢体触碰采取回避态度。

在我的研究过程中意外地发现了极为重要的一点——那就是合理解释型的女人在思想上也更加开放，回避型反之。这不光意味着性，还包括刺激、冒险等事情。究其原因，是因为思维方式决定了行为方式，对于性行为的开放程度源自于一个女人的思维开放程度，而思维面可以延展到很多其他的方面。比如一个合理解释型的女人会更愿意尝试蹦极、登山，讲色情桥段，或是去一个只有陌生人的聚会，而回避型的女人更愿意待在自己的舒适区里面。

我看过一篇文章，它曾经报道过在70年代的一位女性因和不同的男人发生性关系而被枪毙的事实。在行刑前，她的遗言简单而深刻，她说："再过二十年，人们就会理解我的所作所为。"从这件事情来看，我们可以看到她是一个彻彻底底的合理解释型女人。这也说明了一点，合理解释型或是回避型不会随着环境的改变而改变。

2.4 测试型

陆小曼生于乱世，本人却在蜜罐里长大。小时候良好的教育环境导致了陆小曼长大后在外交部期间不仅展现了过人的翻译才华，还以热情大方、精于跳舞、擅长交际，广受瞩目，当时年轻貌美的她成为了男人们眼中的尤物。她的感情经历丰富，但放在现代来说，她的这种择偶机制更加能够被大众所接受。不满意与王赓的婚姻生活了便出去跳舞、交际，在风花雪月中麻痹自己；爱上徐志摩了，便不顾一切，跳进婚外情的深潭；喜欢翁瑞午了，便引狼入室，大鸣大放，不避耳目，哪怕是徐志摩。

陆小曼幼时是在上海度过的。6岁随母赴京依父度日，7岁进北京女子师范大学附属小学读书。9岁到14岁在北京女子中学读书。15岁那年，陆小曼转入北京圣心学堂。陆小曼生性聪慧，又肯勤奋学习，十六七岁已通英、法两国语言，还能弹钢琴，长于绘油画。学生时代的陆小曼，不仅才华出众，美丽也含苞欲放，初露魅力。她有上海姑娘的聪明活泼，又有北京姑娘的秀丽端庄。在学校里，大家都称她为“皇后”。她每次到剧院观戏或到中央公园游园时，外国和中国大学生往往前后数十人，或给她拎包，或为她持外衣，而她则高傲至极，对那些人不屑一顾。由此可见，她那般年纪已经将测试型的特长发挥得淋漓尽致。

北洋政府外交总长顾维钧要圣心学堂推荐一名精通英语和法语、年轻美貌的姑娘去外交部参加接待外国使节的工作，陆小曼成为当然之选。陆定夫妇认为这是锻炼女儿才华的好机会，便答应了。于是，陆小曼经常被外交部邀请去接待外宾，参加外交部举办的舞会等，在其中担任中外人员的口语翻译。18岁时，极具社交天赋的陆小曼逐渐名闻北京社交界。她能诗善画，能写一手蝇头小楷，能唱歌，能演戏，而且热情、大方、彬彬有礼，行为举止恰到好处。陆小曼在三年的外交翻译生涯中，屡屡显出测试型女人机智的一面。

也许一开始的陆小曼是渴望也是相信爱情的，因为父母的包办婚姻，她与王赓结婚了，当时她还不满20岁。初为人妻的陆小曼尝尽了婚姻的新鲜和被百般呵护的甜蜜，然而心跳过后，激情落潮，此时的王赓也露出他的本色来：由于受西方文化影响太深，加上他是一个勤学不辍的青年，便将时间和精力过多地用在了书籍和公务上，把与妻子的相聚都压缩到了极为有限的边边角角。

陆小曼感到了不满足，心里萌生了被冷落、被轻视的感觉。事实也是这样，这与她婚前的风光无限、众星捧月大相径庭。一向处于人们聚焦焦点的陆小曼哪受得了这种委屈？

因此她回到北平，丈夫不在身边后，她将自己交给了熟悉的舞场，交给了变幻的灯光、迷踪的舞步，交给了方向不同但内容相同的目光！就在这里，她遇到了那个才华横溢、风流倜傥的诗人徐志摩，她深深地为他所着迷。

尽管当时他们的故事引起了广大的舆论和深深的道德谴责，

但他们爱得疯了，爱得不顾一切了。于是，陆小曼与王赓离婚后，与徐志摩在一起了，并且在与王赓离婚期间打掉了自己和王赓的骨肉，只为能够和她认可的男人在一起。

陆小曼出身豪门，过惯了大小姐的生活，因此，徐志摩为了满足她，为她租大房子、养汽车、雇用人、陪她看戏，甚至亲自唱戏，支持她结交上海滩的名人显贵。不知不觉中，钱像水一般流走了。

短暂的浮华过后，浪漫如燃烧过后的焰火，光华腾空之后，一切归于平静，只余下地上焦黑的空壳。

当徐志摩乘“济南号”邮政飞机由南京到北平途中不幸遇难后，她选择了与翁瑞午同居。当然陆小曼是爱着徐志摩的，而且是铭心刻骨的爱。

胡适曾这样评价陆小曼：“陆小曼是一道不可不看的风景。”是的，就像是所有的测试型一样，陆小曼天生具有成为焦点的能力，那份飘忽不定的气质让许多男人不能自拔。

但陆小曼绝不同于大自然中的风景。后者不会主动诱引人，风景的千万般之美，都是“人自迷”而生的印象；陆小曼则不然，她毫不掩饰自己，纵情展示自己，似乎她的美原本就属于众人，造化将美赋予她，本意便是为了让她慷慨地分享给众人。

我们总可以看到这样的女人，她们天生就是社交高手，可以应对各种社交场合。她们擅长和男人打交道，不论她们出于什么目的，总会有一些男人围绕在她身边。这一类女人不希望把所有的鸡蛋都放在一个篮子里，这是因为通常她们也经历过失败的感情，她们也曾有过对爱情浪漫的憧憬。可现实打破了她们的美梦，也许是因为她们被某个男人抛弃了，也许是她们认识到她的男人太无能。总之，失败的感情经历让她们成长，并开始不停地筛选不同的男人。

心理学观点认为，人们的性格形成源自于天生以及幼年时期的经历。本书研究的领域属于性格中的一个分支领域。所以，恋爱性格的形成也会受到一个女人感情萌芽阶段的感情经历影响。有一部分女人，也就是测试型的女人，通常在感情萌芽阶段都遭遇到了或多或少的挫折，正是这些挫折在她们的心中生根发芽，从而形成了她们的性格。比如，一个女人在她16岁那年遇到了她的初恋，她像每一个情窦初开的女孩一样，对这段感情以及这个男人充满了期待。可一段时间之后，她发现这个男人同时还和另外一个女人保持着恋爱关系，从此她开始怀疑爱情和男人，成为了一个测试型女人。当然也有反例，如果在她感情失败之际，她的闺蜜站出来安慰她，给她鼓励，并且在闺蜜的感情中她看到了成功的可能性，那么，她很可能会成为一个投资型女人。

测试型的女人希望通过多个男人的仰慕来证明自己的价值。这是她们的核心需求，并没有错。当一个测试型女人身边缺少仰慕者时，她们很可能会去参加更多的社交活动，并且认识新的仰慕者。这个事实只会在闺蜜间的谈话中浮现出来，男人们永远也不要期望她会主动告诉你这些，因为她们自己也分不清这之间的逻辑关联。

根据我们的调查样本来看，通常外貌出众的女人更有可能为测试型。记住：只是更有可能！通过研究，我们发现了原因，因为测试型女人需要依靠社交来满足她们的核心需求——被多个男人仰慕。如果一个测试型女人的外貌出众的话，这就意味着她将获得更多的社交机会。与此同时，她的社交能力就能够得到更多的锻炼。

2.4.1 社交关系相对复杂

测试型女人最终的目的还是找到一个可以与她长相厮守的男人，所以她必须从众多男人中去选择，而选择是一个辛苦活儿。女人择偶的标准通常是一个男人的内在特质和社会价值。男人为了获得和女人的性关系会用各种手段甚至是欺骗女人来达到目的，所以测试型的女人需要和不同的男人保持一定的近距离关系而不仅仅是普通朋友，因为只有这样，才能够深入地了解到这个男人是否真的像他表现出来的那样优秀。

观察证明，这种方式是奏效的，但未必是高效的。这取决于两点：第一点是这个测试型女人身边的男性资源是否足够多。如果一个测试型女人的社交圈很低端，那么她就不一定能够找到一个高质量的男性伴侣。第二点是这个女人受到感情空窗期的精神折磨程度。如果一个测试型的女人不甘寂寞，急于享受爱情带来的甜蜜，那么她可能会快速地在不成熟的人选里面选择一个相对优秀的男性伴侣，而错失了未来更优秀的对象。

2.4.2 擅长一对多的关系

这是测试型女人最基本的一个特质，主动寻求社交的特性使她们在生命中会经历各种各样的异性。她们是漏斗原理的信奉者，她们知道，只要在基数足够大的时候，才能够帮她们筛选出最适合她们的异性伴侣。当然，并不是说每一个测试型都是花蝴蝶，那只是一小部分，这一部分人群通常会集中出现在某一个特定的群体里面，例如酒吧和夜店。大多数测试型的女人只会在单身的时候让更多的男人围绕在自己身边，并且和这些男人当中的少数交往。毕竟一个人的时间和精力是有限的，她不可能满足每一个追求者的要求。

2.4.3 习惯短期关系

感觉是没有逻辑的，也是不分对错的。你永远不知道两个人在一起什么时候会产生火花。正因为测试型的女人会主动地去寻求社交，并且也会与不同的异性保持暧昧关系，所以在这个过程中就极有可能会使她对另外一个男人产生好感。原本感情的裂痕由此出现，加上某些客观因素，例如闺蜜的唆使，有一些感情保持了下来，更多的人就此分别，了无痕迹。还有一种情况致使测试型的女人拥有更频繁的短期关系——当她们感觉到了目前这个伴侣的脆弱，以及不真实等因素存在的时候，她们也会选择从其他男性候选名单中找到下家，并且开始一段新的感情。

1942 年，16 岁的玛丽莲・梦露与大她 4 岁的詹姆斯・多尔蒂结婚，第一次有了自己的家。不过，这是个没有爱情的婚姻，2 年后丈夫应征入伍，当时正处二战期间。不久，丈夫以不满玛丽莲・梦露的新职业为由提出离婚，这年她 20 岁。

1954 年梦露与著名棒球健将乔狄・马吉欧结婚。无奈这位球界巨人醋劲不小，对她限制极多，两人最终分道扬镳。她第二次婚姻只维持了 9 个月。在一场记者会上，她的律师以“事业上的冲突”解释离婚的原因。

1956 年 7 月梦露又与著名剧作家阿瑟・米勒缔结良缘，他们是在 1951 年拍《青春常驻》一片时就认识的。1961 年的《濒于崩溃》是米勒写给梦露，也是她最后完成的一部电影。玛丽莲的第三次婚姻结束于 1961 年 1 月 20 日。

梦露的情人数不胜数。除了和 3 个丈夫的婚姻之外，她还有一大串男人名单。如哥伦比亚电影公司声乐指导弗雷德・卡尔杰，比梦露大10岁，长得英俊潇洒。梦露还没成名时，经常去他家做发声训练，并深深爱上了他，不久就和他同居。

还有著名喜剧演员查理·卓别林的大儿子小查理。据说是因为卓别林认为梦露的行为不检点，而勒令小查理断绝和她交往。可是梦露已怀孕，无奈之下她做了人工流产。

梦露最后的也是最著名的情人便是约翰和罗伯特兄弟，这被称为20世纪最著名的风流韵事之一。她和他们之间隐秘复杂、暧昧不清的关系，以及那谜一般的死亡，给她人生的结尾增添了更多猜想。

2.4.4 感情经历相对丰富

正因为以上的几点特质，会使得一个测试型的女人比同龄人或是同一个社交圈的人拥有更多段的情感经历。这些经历对一个女人来说是有两面性的。好处在于，她能够变得经验丰富，这有助于她寻找到更优质的男性伴侣。坏处在于，长此以往的自我催眠会让她们觉得没有谁是不可替代的。这样的想法和行为会遭到社会观念和同性群体的批判。事实上，身为测试型的每一个女人都不觉得这有什么不好，相反地，她们很可能会认为那些抱着一个男人过了一辈子的女人是可悲的。

“我爱过的男人，永远会记得我”出自永远的经典——香奈儿的口中。从这句带有自负味道的名言当中我们可以感受到香奈儿是多么认可自己的情感手段。

可可·香奈儿几乎一生都在恋爱，她的他们是那个时代各个领域的精英——贵族、富豪或艺术家。她的朋友罗莎琳后来回忆说：“可可称不上绝色，但认识她的男士，莫不为她痴迷。”

需要打上重点符号的有几位绅士：鲍伊·卡柏、迪安·巴尚和全欧洲最有吸引力的钻石王老五——西敏公爵。除了这几位以外，香奈儿和年纪不到她一半的米兰贵族维斯康、美国富商威廉斯、纳粹间谍史派兹，与香奈儿在生意上纠缠了几十年的魏泰玛，以及大名鼎鼎的温莎公爵和毕加索均有密切的来往。

香奈儿传奇的情感经历使她可以轻易地俘获她想俘获的男人。

2.4.5 社交技巧高超

大多数测试型的女人都善于也喜欢社交。她们不习惯对着电脑啃着鸭脖在房间里待上一整天，哪怕是和闺蜜出门看场电影或是陪老妈逛逛商场也会比待在家里来得有意义，而重点就在这里，有人的地方就会有社交。排除掉她们主动寻求社交的那部分，如果她们的外貌还过得去甚至很漂亮，那么就会有一些男人主动上门搭讪寻求社交。换句话说，她们只要出门，就可以有社交机会，即使是被动社交。这样熟能生巧的过程会大大地提高她们的社交技巧。相对于投资型的女人来说，测试型的女人更愿意相信社交技巧可以给她们带来所需要的东西而非真爱。所以，在主观上，测试型的女人会更乐于去研究如何提升自己的社交技巧，比如如何让男人在 3 分钟之内就喜欢上她。

柳如是是秦淮八艳之一。她小小的童年就体验了世事的炎凉、人性的残酷、权贵的残暴。一般人只能一蹶不振，哭哭啼啼认命了。柳如是则相反，她把这次冤情、羞辱变成了资本，打出了“相府下堂妾”旗号，宣扬自己，羞辱周道登。同时清醒地认识到，自己的归宿要靠自己去寻找，而寻找志同道合的意中人，久居盛泽小镇，靠等待，机会是有限的。不久，就在她15岁上，迈出了改变人生的关键的一步。她买了一只画舫，驶往文人荟萃的吴江，以船为家，往来于吴江和松江之间，过起了游妓的生活。

到了吴江，她充分利用了自己的有利条件广交朋友。首先拜访了由陈子龙领导的文学团体几社，开始了她的社交和文学活动。她的天生丽质，她的文才和不同凡响的文采，很快就在几社掀起了柳如是旋风。她的美貌使几社的文人学士倾倒，她的文才为几社的文人所折服。

2.4.6 注意力不集中

请不要误解我的意思，我并不是说她们没办法在两个小时之内只专注于一部电影，而是她们通常容易被新鲜有趣的事物吸引。这一点体现在她们生命的每一个角落里。她也许总会在和你约会的时候迟到，只因为她在出来之前接了一个电话而耽误了时间；她也许会和你在西餐厅里面对面吃饭的时候总是收发短信；她也许会和你在一起的一个月内就被另外一个男人拐跑了。她们的生活中仿佛没有重点，又处处是重点。有很多男人都是被测试型女人这种无意的冒犯弄得晕头转向。请不要埋怨她们，要理解她们。只有理解了她们的行为动机之后，我们才能制定出具体的策略。

2.4.7 聊天以广度为主

这是属于注意力不集中的衍生特质，但我觉得有必要拿出来单独列举。注意力不集中的特点会让测试型的女人容易被其他的事物所吸引。比如，你们正面对面坐在咖啡厅里面，那本是一个舒适的聊天地点。但是你会发现想要就一个问题和她深入地讨论下去是相当困难的。这是由她们测试型的固有思维模式决定的。她们习惯了从众多男人中筛选出优胜者，这就意味着她们需要把精力平均分配。投射在聊天上也是一样的，她们会把精力平均分配给不同的事物。所以，除了某方面是她的专长，通常情况下，她们无法深刻地探索一件事情的本质。还有一个客观问题，她们的注意力不集中，容易被其他事物所吸引。所以，我们经常会看到她打断话题或者是收发信息，无法将聊天深入下去。针对这个问题，我会告诉你应该如何处理。

2.4.8　并不是每一个测试型女人都喜欢玩暧昧

虽然测试型女人身边都会拥有相对多的男性朋友，但是这并不意味着她们就会和每一个人发生暧昧关系。因为社会评价对于任何一个女人来说都是重要的东西，女人为此承担的风险和后果是男人无法比拟的。我们或许会看到她经常和不同的男人出门，请不要担心，也不要带有偏见，那是她们的择偶机制，也是非常值得肯定的做法。如果测试型女人遇到了真正有感觉的异性，即使她心中明确他们不会有将来，但她会愿意去尝试。这很好，她们是有情调的女人。

2.5　投资型

金庸笔下的痴情女子数不胜数，其中以李莫愁最为极端。这位悲剧的女性角色很好地诠释了投资型女人对于爱情的动机。一直以来，人们只知痛恨李莫愁误入歧途，身堕魔道，却不知李莫愁并非天性如此。她年纪轻时原是一个温柔美貌的姑娘，得遇陆展元后，更是终身相托，只愿一生与心上人厮守，“执子之手，与子偕老”，并无半点恶毒之意。后来陆展元移情别恋，弃她而去，与何沅君携手百年，李莫愁羞愤伤心之下，性情大变。爱极生恨，几番风雨，几多周折，李莫愁始终苦情不忘，促使她由善转恶的，是陆展元的薄情寡义、始乱终弃。

自己深爱的人离开自己，对于投资型的女人来说是非常痛苦的事情。李莫愁无法寻得陆展元一抒胸臆，心中愁苦又不能解，才会变得乖张怪僻，心狠手辣。这是她表达恨意的一种方式。对于现实生活中的投资型女人来说，或许不能像小说中的人物一样去宣泄自己的情绪，但也会通过一些其他的方式来达到目的。比如哭泣、宿醉，甚至是自残。

李莫愁的心狠手辣也不是毫无原则的。她一生之中最恨两件事，其一就是若有不知好歹的男子对她有轻薄之意，这些人往往会死在她的手下。这是李莫愁对心中挚爱的一种捍卫，这样的捍卫看似毒辣，其实也是最无可奈何的举动，若非如此，她年轻貌美，岂不到处为人轻薄？如果李莫愁不是身怀绝技，早已不知道被侮辱多少次了。对无礼之人无情，也是李莫愁自爱的表现。

李莫愁的出场，是伴着一阵歌声的，先是越女采莲，隐透相思，继而是她自己唱的“问世间，情为何物，直教人生死相许”。由此可见，她作为一个投资型女人，对待爱情以及恋人的态度是执着和固执的。及至李莫愁命殒绝情谷，临死之时，凄凄厉厉，唱的仍是这一首《迈陂塘》。这一曲歌声，温婉凄绝，实在是她一生的写照。李莫愁虽然恨极了陆展元，然而直到生命的最后一刻，却仍然爱着他，想着他。这份爱之深，实为投资型追求长久爱情的极致代表。

爱要爱得刻骨铭心，恨也要恨得惊天动地。

其实，给人印象最深的还是李莫愁死时的那一幕，一身黑衣的她仿佛一只扑火的墨蝶，说不出的凄美。她爱陆展元，爱了一辈子，也恨了一辈子。

鲁迅曾经说过，“悲剧将人生的有价值的东西毁灭给人看”，而且价值越高，悲剧越大。李莫愁就是这样的一个悲剧人物。她是一个高傲冷漠的人，但冰冷的面孔下藏着的是一个粉红色的梦。她原是古墓传人，却不惜背叛自己唯一的亲人，选择孤独地去寻找爱情。那是多么浪漫的故事。但命运却对她开了一个大大的玩笑，她押上一生感情的人却爱了别人。她放弃一切去争取的不过是一个遥不可及的幻影。庞大的孤独感和挫败感让她从一个浪漫少女变成了女魔头。那是她的面具，她需要那样一个坚硬的外壳去保护自己，但这一切都掩盖不了她勇敢追求爱情的本心。

正如她的名字一样，投资型在恋爱过程中投入的东西非常多。比如，时间、金钱、精力等等。付出的越多，期望值就越大。期望值越大，失望也就越大。所以，通常投资型的女人在感情破裂之后都要承受比测试型多得多的负面情绪。就好像我们经常会听到女人说“我害怕受伤，所以不敢急着开始一段感情”。没有什么比这句话更能代表投资型的心声了。

对于测试型来说，即使她们也会为上一段感情而难过，但出现这种对白的可能性不大因为在她们和一个男人分手之后，可以从身边快速地找出替代者，加上她们一直以来从不同地方不同对象那里学习到的社交技能，她们基本不用担心感情空窗期的出现。相反的，投资型将会陷入深深的痛苦当中，除了对于失去恋人的恐惧心理，她们甚至会把原因归结于自身，她们更倾向于认为是自己不够优秀。

正如我们上一章所讲到的，投资型的女人会在选定一个对象之后尽全力去改造他，直到他各方面都符合她的心意（事实上她做不到）。所以从某种意义上来说，投资型比测试型更加挑人。如果你不是她喜欢的类型，那么或许她会一直拒绝和你单独约会。相反，如果一个男人身上有一个测试型女人需要的东西，那么即使她并不喜欢这个男人，她依然会考虑和这个男人单独约会。

投资型的女人需要一段完美的感情来证明自己的价值。这是由女性的生物本能来决定的。当一个投资型的女人处在空窗期，并且她的长相平平，那么这有可能持续很长时间。因为投资型不像测试型那样擅长和喜欢社交，加上她没有足够的吸引力使更多的男人追求她。这就意味着她能够遇到并且选择那个完美（特殊）男人的概率变小了。长此以往，她的社交能力不会得到锻炼，那么有可能出现更长时间的感情空白期。

2.5.1 全身心地投入爱情

相比较测试型的女人来说，投资型的确算得上是“好人”了。她们只要选定了一个男人，并且在这个男人不犯下重大错误的情况下，她会源源不断地为这段感情投资，而投资得越多，就越难抽身。这一点对于测试型女人也同样适用，只不过不同的地方在于，测试型不会在一开始就对一个男人付出自己的全部，而投资型恰恰相反，她们进入状态非常快，因为对一段感情付出会让她们觉得非常幸福。当然，她们也希望她们的伴侣能够和她们一样来对待这段感情，并且在多数时候，她们就是这么认为的。

的2006中国当代十大爱情故事在君山爱情岛揭晓，获奖的朱桂琴是湖北老河口市的一名普通农家女子。

1998年，中专毕业的朱桂琴来到原红星砖厂上班，与在水泥厂上班的李广明经工作关系认识了解，两人萌生爱意，经过一年多的恋爱，携手走进了婚姻的殿堂。婚后，小两口相亲相爱，经过一年的奋斗，小两口盖起了一幢两层小楼。

然而，正当小日子过得红红火火的时候，一场突如其来的病变打破了他们平静幸福的生活。2004年初，丈夫被查出已到了尿毒症晚期，双肾功能完全衰竭，若不及时治疗，极有可能导致其他脏器衰竭而死亡。朱桂琴猛下子觉得天塌下来了，丈夫是这个家的支柱呀！她手脚颤抖，只能扶着墙向前挪着步子，来到丈夫面前，眼泪一次次无声地往外涌，她又一次次坚强地把它们咽到了肚里。她知道，丈夫现在更需要安慰。她平静地把结果告诉了丈夫，也平静地对丈夫说："你放心，就是砸锅卖铁，我也要治好你的病。只要你在，我们什么都会有的。"

为了给丈夫治病，朱桂琴多方打听，听说河南祁县有家肾病专科医院治尿毒症效果好，便借了1万元钱远赴河南求医。那段时间，朱桂琴寸步不离地守护在丈夫身边，只要丈夫稍有动静，她马上就爬起来护理。

当她了解到这种病只有通过肾移植才能治本，又听说十堰市东风汽车公司总医院可以做肾移植手术，朱桂琴当机立断，让父亲陪李广明去十堰检查，自己则在家里四处筹钱。她卖光了家里所有值钱的东西，又将房子抵押给银行贷款，并借遍了所有的亲朋，终于为丈夫筹得了几万元的手术费。

令朱桂琴没想到的是，要做肾移植手术，需要的不仅仅是那几万元手术费，更关键的是要有合适的肾源。李广明的生命危在旦夕，而肾源一时又找不到，主治医生想出了另一个方案：进行亲属间肾移植。处于绝望之中的朱桂琴又看到了一丝希望。

思来想去，朱桂琴决定拒绝所有人。其实此时的朱桂琴已有打算，她瞒着家人偷偷去查了血型，当得知自己是O型血时，她喜极而泣，皇天不负有心人，自己怕真是上世欠着丈夫呢！随即，她提出一个令所有医护人员吃惊和感动的想法：用自己的肾作肾源，为丈夫进行肾移植手术！

2004年8月15日，东风汽车总公司总医院外科大楼手术室里，一场扣人心弦的生命接力赛上演了。当所有的工作人员向这对年轻的农民夫妇做出了“胜利”的手势时，此时此刻，朱桂琴明白：自己和丈夫已经融为一体，永远不会分离，因为自己的一只肾脏，正在丈夫的体内效力。

2.5.2 对恋人的要求很多

因为她们急于对这段感情投资，也强烈地希望能够尽快修成正果，所以这种态度会让她们对这段感情以及她们的伴侣提出非常多的要求。这就像是一个望子成龙的母亲迫切地希望自己的儿子能够考进重点大学一样。另外，由于她们的择偶机制是“先选择，后改造”，所以当她们的伴侣的缺陷暴露出来的时候，她们就会提出各种要求，甚至是施加压力来迫使伴侣达到她们心中理想的那个形象。当然，一些客观原因也会对此造成影响，因为投资型的女人投入的金钱、时间和精力都非常多，这就增加了矛盾产生的概率。反观测试型会更加“淡如水”一点，并且，当一个测试型女人遇到同样的问题时，她们或许不会想着去改变对方什么，她们心里有更有效率的办法——去寻找一个更好的男人。

2.5.3 真实

相对于测试型，这是一项难得的特质，“真实”和“真诚”是她们的爱情信仰。她们坚信，用真实的一面换得对方的好感一定能够使接下来的感情生活更加顺利和长久。对于社交技巧，她们是排斥的。虽然投资型女人在与陌生男人见面时也会有和平常时候不一样的表现，如羞涩、紧张等等，但她们不会愿意用一些上不了台面的技巧去勾引她们喜欢的人，她们更愿意顺其自然地获得男人的青睐。她们对待男人们如此，同时也希望男人们这样对待她。

《美人鱼》里面的女主角珊珊可谓是投资型女孩的代表。她从未经历过大世面，为人真诚、善良，不善于掩饰自己的情绪。当面对男主角刘轩的时候，她的惊愕，她的欣喜，她的悲伤，都一览无遗地写在脸上，俨然一副邻家女孩的模样。即使她的任务是去刺杀身为人类的男主角，但是单纯善良的她无法克制地爱上了这个男人。面对背叛族人的罪名，她无法掩饰自己的情感，毅然决然地帮助男主角逃脱族人的追杀。她就是这么一个简单的人，不懂得欺骗和掩饰。当她开心时，她就是开心的；当她难过时，她就是难过的。也正是因为这份真实，才赢得了阅女无数的男主角的好感，成就了一段爱情传奇。

2.5.4 排斥暧昧

这是由投资型的择偶机制决定的。她们倾向于在一个她们认可的男人身上全身心地投入，如此她便没有更多的时间分配给其他男人，而且她们相信她们的选择是正确的。这就像是人们总是会试图维护自己的立场和想法一样。投资型的女人不是玩家，同样，她们也不希望找一个男玩家来成为她的对象。她们希望她们未来的伴侣是真实、可靠的，并且会和她们一样全身心地投入感情。所以，投资型的女人对于花花公子并没有太多好感，或许她们有可能在短时间内被花花公子引诱并发生性关系，但就长期来看，投资型的女人并不愿意和一个没有安全感的男人在一起，而是更愿意选择那些踏实可靠的男人。

《钢铁是怎样炼成的》里的冬妮娅，这位纯情美丽的乌克兰少女，林务官的女儿，与还没有炼成钢的率真少年保尔相偎在宁静的湖畔，尽情享受着属于他们的初恋时光。没有阶层贫富的界限，对残酷的现实生活一无所知。这种令人艳美的纯粹的爱，只有莎翁的朱丽叶和罗密欧能与之媲美。不同于朱丽叶的柔弱安详，冬妮娅对爱情的追求更加明朗热烈，性情也更活泼，仿佛灿烂春光中的一朵玫瑰，刚刚盛开，沉醉于爱情和世界的幻想，对所有的美好充满了爱恋，信任。全然不知地狱的火焰已经快要冲出晃动的地壳，烧毁她拥有的一切，烧毁她的未来。

在冬妮娅身上可以看到她没有受到那个时代的任何影响，她的身上也没有任何不良的杂质，她是一个在河边儿看书的美少女。这样一个美女在河边看书，竟然会爱上他。自从遇到了保尔，她拒绝了身边很多家室显赫的公子们一次次的示爱，并且毫不留情面。为什么呢？我认为只有一点，就是——因为冬妮娅是一个爱情动物，她发现了保尔身上最可爱的东西，然后她就很轻易地越过了阶级的障碍和贫富悬殊的障碍。

2.5.5 恋爱关系相对单纯

一个投资型的女人身边通常不会有太多的男性朋友，因为她们并不是非常喜欢和陌生人的社交活动。我们通常可以在一个社交聚会中看到有这样一部分女人——她们安静，不善言谈，只和熟识的那么几个好友交流。如果她们主动靠近某个男人，那只有一个可能，便是她们对那个男人产生了好感。相反地，测试型女人接近某个男人，可能是她们希望从这个男人身上获得一些什么。如果一个投资型女人已经有了恋人，那么她们会把大部分精力放在感情上，而不是社交活动上。如果她们单身，那么她们也不会像测试型一样主动出击去认识很多男人。

这是她们的愿望，每一个投资型女人都希望爱情是终身制的。她们在一段感情的开始阶段就会设想很久以后的美好画面，并且在这样的自我诱惑的作用下，她们开始认真地扮演着她们的恋人角色，并在这个过程中投资越来越多的东西。于是，她们越来越难以抽身，因为代价是巨大的，那意味着她们这段时间里付出的一切和逝去的时光都将变得一文不值。她们知道该如何去权衡。所以我们经常可以看到测试型女人分手分的干脆，而投资型女人总是藕断丝连，旧情复燃。她们是婚姻的信徒，通常大部分投资型的女人都希望更早地结婚。因为婚姻就目前看来是长期关系中最稳定的一个模式了。

唐懿宗时期，宰相王允之小女王宝钏是一个容貌姣美、举止娴雅、端庄文静的娇娇女。她在一个柳暗花明、蝶舞蜂浪的春日，踏青的路上遭一群泼皮无赖纠缠，青年书生薛平贵三拳两脚驱走恶少，使之摆脱困境。王小姐口中称谢，内心欣赏，见其文武双全，人亦俊雅，早已春心暗动。薛平贵也深知小姐情意，但自愧身无功名，穷困潦倒，无立锥之地，恐难攀附相国千金。王小姐未加思量，归后与父母议定：掷绣球择婿。至黄道吉日，京城中王孙公子慕三小姐芳名纷纷如过江之鲫齐聚彩楼前，谁知“王孙公子千千万，彩球单打薛平郎”。有情人掷有意球，不打郎头打谁头？王允夫妇甚是不悦，违约悔婚。王小姐据理力争，誓不相从，立定主意要嫁薛郎，无奈其父固执，只得父女三击掌，绝了父女之义。嫁薛平贵后，无处栖身，只得住进一破窑洞中，过着男樵女织的清苦却恩爱快乐的日子。其时，西凉地区发生叛乱，薛平贵认为建功立业、大志将酬的时机已到，便辞别了新婚不久的妻子，应征入伍，开赴沙场。初时，薛平贵还有书信寄来，后因时局动荡，断了音信，但王宝钏矢志不渝，一心一意痴心地盼望着薛郎平安凯旋回来。

且说薛平贵凭自身出色的武艺和才学，在征战中屡立奇功，深得军中将士的喜爱。其中沙陀酋长那情窦初开的玳瓒公主见其骁勇，又极富才情，便对其秋波频传，死缠烂打。薛权衡再三，终成沙陀酋长之“乘龙快婿”。薛平贵在玳瓒公主的帮助下，事事逢凶化吉，一路春风得意，直至平定叛乱后，薛平贵才随大军进入长安，得到朝廷封赏。功成名就的薛大人徒步来到寒窑中，将苦守十八年的王宝钏接入薛府，再续恩爱。

王宝钏苦守寒窑十八载忠贞不渝之事被传为美谈。

2.6　感觉型

林黛玉的爱情是纯粹而彻底的，她从看见贾宝玉的第一眼起就爱上了他，从未思虑怀疑过，一生中没有一分钟摇摆。爱一个人，爱到了极处，便是无嗔、无怨、无悔。不像宝钗，是在入宫失败后才退而求其次地选择了做贾家媳妇。

对林黛玉来说，爱便是爱，爱的是这个人，不是他的背景、他的前途，因此从未对贾宝玉有过任何要求或劝诫。只要他是他，她便希望与他永远厮守，两情相悦。她想的是“你只管你，你好我自好，你失我自失”，生命的设置永远以贾宝玉为前提。

林黛玉不单是因为吃醋和伤心而流泪，更煎熬的是这个退让与思考的过程。她在爱情上，其实是相当的隐忍和明决，除了爱，什么也不想要。这样的决绝与大度，也只有极致的感觉型女人能够做得到。当然，在歌颂她的同时我们也可以看到感觉型女人身上的弱点——她就像小学时班里最爱哭的女生，总用眼泪招怜悯，而次数多了，便成了挑战众人忍耐的底线，总是过犹不及让人惶恐。

林黛玉说话尖酸刻薄等令人不喜欢的性格背后，隐藏的正是她那颗十分强烈的自尊心。执着地维护自己的自尊心，正是她一切性格的根源。要求尊重和维护人的尊严，不能容忍对人格和自尊心的丝毫亵渎，是她性格的核心部分。也就是被世人所公认的那所谓的“小性儿”。同时，从侧面也反映出林黛玉的善良、纯洁、率直、热情大方、温柔体贴。由于自己的处境是寄人篱下，不是“正经主子”，因而显得更加小心在意，唯恐自己的自尊心在众人面前受损。所以，她时刻都像要射出来的箭一样，非常敏感，只要稍一触动，不管有意无意，就会强烈地颤动起来。尤其是与爱情和尊严有关的事情。

林黛玉毕竟是单纯天真的少女，她幻想着与贾宝玉的爱情有朝一日获得统治阶级的认可，配上一个合乎封建礼教的形式，成为合理的存在。但美好的幻想无所附丽，结局如何，林黛玉没有贾宝玉那样乐观自信。她担心着“不知将来如何”，更多的是预感到这爱情的悲剧结局。没有婚姻的爱情是不完整的，林黛玉正是在将爱情发展成为婚姻上碰到了更大的威胁，也更加显得无能为力。

这些姐妹们喜欢薛宝钗的多于喜欢林黛玉的，每次史湘云来贾府总是爱找宝姐姐玩，而不会首先去找林妹妹，这使得黛玉与别人的社会性的交往逐渐减少，也促成了她更加忧郁的性格。家道中落对黛玉造成的影响就是：敢爱而不敢言，只有把爱深深地放在心中，期待着别人能帮她一把，把自己的爱情寄托于别人的怜悯，形成了强烈的依赖感。只把着了一个救命的稻草，信守爱情。正所谓，爱至深，伤至深。最后，直至为爱情付出了自己的生命。

在情感层面，感觉型是值得被歌颂的，她们是当之无愧的情种。幸福的家庭和浪漫的感情是她们的人生追求。她们就像是经典电影里面的女性角色一样，可以为了爱情离家出走，茶饭不思，甚至是献出生命。回归到现实生活中，我们确实可以看到许许多多这样的例子。可能有的人会对她们的“疯狂”行为感到惊讶，并唏嘘她们的结局。那是因为感觉型的行为在大部分时候是依赖于情绪的。她们并不能理清事物间的逻辑关系，但她们依赖于她们的直觉来分析。这就像是当一个男人问她为何不喜欢他的时候，她们通常会告诉这个男人“没感觉而已”，而不是像理智型的女人一样能够明确地看到这个男人身上的缺点。“感觉”是一种虚无缥缈的东西，但是我们找到了一些规律——如果你能够激发起感觉型女人的情绪波动，那么你就能吸引到她。她们更喜欢幽默风趣、长相出众、懂得浪漫的男人，当然还有更多。请不要心急，我们后面再谈。

每一个感觉型的女人心中都有着一幅画面：一对恩爱的夫妻甜蜜地生活在一起。这个画面是那么的强烈，以至于她忽略了是否能够实现。尽管现实生活总是告诉她应该务实一点，但感觉型的本质迫使她不断地去幻想这些，直到她彻底成功或是彻底失败的那一天。

感觉型的女人偏好将事实结合起来整体考虑，并且能够感觉到概念之间的微妙联系——但仅仅是感觉到，想要她们表达出来或许是一件困难的事情。除此之外，感觉型有着无限的想象力和创造力，她们的思维天马行空，这就能解释为何在艺术领域的大师们，如凡·高、李清照等人往往都带着强烈的感觉型特质了。与此同时，感觉型的女人对于能够表达深刻情感的事物会比较敏感，例如爱情电影和音乐。她们不需要这些艺术作品里有严谨的逻辑架构和复杂的人际关系。她们往往只需要一个点，一个能够引起她们内心共鸣的点就足以让她们对这些作品抱有好感甚至痴迷。

由于她们的行为更加依赖于情绪，所以她们并不会有长远细致的规划。或许一个感觉型的女人会告诉你她今后的目标，但她很可能并不清楚应该如何一步一步地实现它。从这点我们也可以看出，感觉型的女人在工作和学习上的态度。她们总是有很多想法，容易对常规和按部就班的东西失去兴趣，她们喜欢心血来潮，而且忍耐力较差。所以，感觉型的女人更乐于作为一个配角去辅助自己的男人。

作为人生导师的父母对感觉型的女人影响非常大。通常她们的家庭是和谐美满的，尽管不一定富裕，但却彼此恩爱。在这样的家庭环境中长大的女人更愿意相信世间的美好，因为她曾经感受并且触摸到了。

2.6.1 受情绪和感觉支配

这是感觉型女人的核心特质。她们总是容易被伤感的诗句和悲剧结尾的电影所打动。在两性关系中，感觉型对于一切会激发她们情绪波动的事物几乎没有抵抗力。她们不需要男人有雄厚的财富基础或是崇高的社会地位，她们希望她们的男人是有情趣的，懂得如何讨她欢心的，或者是具备艺术气息的。她们不喜欢木讷死板的男人，而更喜欢幽默、有冒险精神以及长相帅气的男人。因为这些因素都是容易激起她们情绪波动的特质。这也可以解释陆小曼为什么在被徐志摩抛弃之后依然心系于他，因为徐志摩几乎满足了感觉型女人对男人需求的一切特质。另外，婚姻也能够满足她们对浪漫的幻想。所以，感觉型的女人同样向往婚姻。

赤名莉香是《东京爱情故事》整部戏的灵魂，没有了莉香这个角色的成功塑造，《东京爱情故事》就不能成为一部至今还被人津津乐道的日剧经典。一名很特别的女孩，对爱情的态度是这样的坦率，不管结果是如何的头破血流还是勇往直前。在爱情压力下，一味付出而受伤时却又不断用微笑来掩饰自己而维持最后一点尊严。在自私而虚伪的人群中，莉香就像是个小精灵，灿烂的笑容、直率的个性、出人意表的行为完全牵引著观众。她是情绪大于理智的女人，她的行为就像是情绪和心情的即时反应。还记得当莉香和完治闹别扭时，莉香说不想和完治这家伙在同一个空间呼吸着而赌气地停止呼吸的可爱动作；还有像小孩般的无惧地在繁忙的街上冲上马路为完治拦车的行为；在人来人往的人行道上大声地说“我爱你，丸子”。

2.6.2 喜欢甜言蜜语

并不是只有小女孩才吃这一套，而是所有感觉型的女人都吃这一套。即使是在今天，我们也能够通过甜言蜜语去获得一个女人的欢心，这与她们的年龄无关，而是与她们的类型有关。她们喜欢异性的夸奖和赞美。对于她们来说，保持每天对她说一句“我爱你”会比送她们一个 LV 包包来得更有效。同样地，当一个感觉型的女人需要表达她对一个男人的爱意之时，她也会选择同样的方式。当然，并不是说一个男人连饭都吃不上还卖弄风雅就能赢得任何一个感觉型女人的欢心。前提是两个人必须拥有相近的价值地位。这也是本书的初衷——让每一个男人都懂得吸引力运作的原理。很多人都在用同一套方式去对待不同的女人，他们认为模仿成功者的行为就能够成功，这是典型的成功学逻辑。有时候模仿他人的行为未必会获得成功，只有知己知彼，对症下药才能够获得成功。

2.6.3 极度喜欢恋人的陪伴

她们通常是黏人的那一种类型，如果一个感觉型的女人坠入了爱河，那么她会希望时时刻刻都能够和爱人在一起。爱人的陪伴是她们感到被爱的因素，同样地，她们也会希望能够经常陪伴在爱人身边。有一点必须解释一下：陪伴指的并不是两个人在同一空间里却做着不同的事情。比如男人在看球赛，而女人在玩手机。这并不能叫作陪伴，因为两个人的注意力分别在不同的事情上面。只有当双方的注意力都放在彼此身上的时候，才能够称为陪伴，例如两人互相拥抱着躺在床上聊各自的心事。感觉型的女人最容易抱怨男人太忙或者总是不陪她。因为陪伴是她们接受和付出爱的方式。如果男人长时间不在女人身边，那么她会感觉到寂寞、焦虑，甚至是背叛。如果她同时是一个投资型，那么她也许会生闷气或者是大发雷霆。如果她是测试型，那么除了生气之外，她还有可能通过和其他男人的约会来刺激刺激你。

2.6.4 特别依赖男人，缺乏独立能力

感觉型的择偶机制决定了她们更倾向于做一个小女人。如果一个感觉型正处于恋爱阶段，那么她们的喜怒哀乐很可能都来自于这个男人。因为她们是把爱情放在首位的一类，而理智型通常不会把爱情放在首要位置。感觉型的女人会经常做出“为爱痴狂”的举动。例如，我们可以看到很多女人为了挽回自己的男友，以跳楼相逼，或是以自残示威。当然，我们也确实看过许多悲剧，基本上每一所大学里面都出现过女大学生为情自杀的案例。她们已经彻底失去了理智，情绪支配着她们的行为，当情绪的力量过分强大时，往往就会发生悲剧。当然，性格是公平的，感觉型的女人要求她的男人无条件地对她好，给予她陪伴与关怀，但她们并不会要求她的男人一定要富有。

2.6.5 缺乏主见

这项特质必须辩证地来看。如果在一个女性群体中有理智型存在，那么这个理智型女人将很可能成为团体领袖，而感觉型的女人会跟随这个理智型的领袖。这体现在一些重大决定上面，比如该选择哪条路下山或是制

订三天两夜的行程单。当然，这是一项长期特质，如果一个感觉型女人身边有关系很好的理智型闺蜜，那么她会经常地就重大问题询问闺蜜的意见。在两性关系里面，感觉型的女人同样更习惯听从男人的意见。她们不需要作为中心带来的成就感，相反地，感觉型的女人觉得被其他人带领是件好事，她们可以更轻松、更专注地去享受她们需要的东西。

2.7 理智型

“有时候，幸福是不用拿出来见人的。在爱的范围内，理智才是重要的，只有不缺乏理智的爱情才会真的长久。越是疯狂的爱情就越伤害人！”这大概就是林徽因选择离开徐志摩而和梁思成在一起的原因了。而且从林徽因和梁思成几十年稳定的婚姻看，她确实做出了正确的选择。

在林徽因的爱情故事里面，徐志摩和她的情感瓜葛很引人注目，而梁思成这个白马王子却很少引起人们的兴趣。实际上，梁思成是梁启超的长子，是个不折不扣的富家子弟，加上他勤奋好学，才华过人，作为理智型的林徽因必然无可厚非地选择了后者。反观徐志摩，虽然是在诗歌上的才气更胜梁思成一筹，但他极度感性的性格和已为人父的身份决定了他永远也得不到理智型的林徽因。

16 岁的林徽因游历欧洲，在英伦期间，结识了当时正在英国游学的徐志摩。当时徐志摩已是一个两岁孩子的父亲。情窦初开的林徽因被徐志摩渊博的知识、风雅的谈吐、英俊的外貌所吸引。但徐志摩的妻子——张幼仪的影子在她心中总是拂不去，经过痛苦的思索，她和父亲一起提前回国了，而且是与徐志摩不辞而别。之后林徽因经过一番理性的考虑，同意了父亲为她定的一桩婚事，嫁给著名学者梁启超的儿子梁思成。

徐志摩闻后伤心不已，认为林徽因是因为张幼仪的存在才拒绝了自己。于是不顾当时社会舆论的压力，毅然决然地选择了和张幼仪离婚，并且漂洋过海来追寻林徽因。

但林徽因并没有因此而感动，她用冷漠的态度劝徐志摩看清现实。无论文人墨客们如何渲染，都不能抹灭现实。其实林徽因是庶出，为了母亲不得不选择多金的那个人。虽然徐志摩有才情，但没有钱，没有办法给她一个稳定的生活。就这一点来说，她的选择是理智且明智的。

有史料记载，林徽因在她 6 岁开始为祖父代笔，给父亲写家信，成为祖父与父亲之间的通信员。12 岁的徽因落落大方，并且非常懂事。这个时候的她就已经是一个聪明、有主见、能帮助料理家务的孩子了。成熟且理性，是她身上最为耀眼的特质之一，而这种特质的形成都缘起于她的出生环境。

上天给了林徽因一个十分优秀的父亲，为她安排的母亲却是一名极平凡的女性。林徽因的生母叫何雪媛，她的头脑像她那双裹得紧紧的小脚一样，守旧，甚至有点畸形。她不懂琴棋书画，也不会操持家务，所以也就得不到公婆和丈夫的欢心。徽因的生活蒙上了一层阴影。三娘接连生了四个儿子和一个女儿，在有着传统的重男轻女观念的林长民那里，三娘和她的孩子们赢得了他的欢心。他们住在明媚宽敞的前院，这里充满了孩子们快乐的喧闹。徽因和母亲则住在后边一个较小的院子里。

前院有弟弟妹妹们的欢笑吵闹声，也有父亲买给三娘的很多稀奇古怪的物品。徽因很小的时候就清楚，父亲不喜欢母亲。

所以，在林徽因童年的时候就意识到身为无德无能之女子最终只会落得受人冷落的下场。这种认识激发着她，推动着她不断地努力，试图成为那个年代里优秀的女性。

与感觉型相反的是，理智型的女人通常会将她们的精力更多地集中在自己的学业和事业上，而且她们都有着宏伟的职业生涯目标，而对于这个目标，她们会深思熟虑，使之更加符合逻辑。所以，我们可以看到一些杰出的女性企业家或是女性领袖的出现，如周凯旋、武则天等人。

对于爱情，她们并不是木讷和无求的。理智型的女人也会憧憬爱情和婚姻，只是程度不及感觉型来得强烈。因为某些过去的原因，她们怀疑感情的可靠性，并且她们演化出了一套她们特有的应对机制——拥有自给自足的能力。

有句俗语说道："男人可以征服世界，而女人可以征服男人。"这句话深刻地指出了一个事实，那就是——从男人那里获得生存资源也是一种强大的能力。在现实生活中，我们确实可以看到这样的女人，她们通过引诱不同的男人来获得金钱和地位，她们并不会一头扎进某一个男人的生命中，而是遵循等价交换原则，从不同的男人那里获得不同的资源。当然，更多的理智型女人选择了努力拼搏而不是平步青云。她们也许在大学里的主要时光都消耗在了图书馆和自习室。在工作上，她们认真负责并且有强烈的结果导向，甚至她们会成为社会进步的推动力量。

在努力的同时，她们也会和男人发生恋爱关系甚至是结婚。这并不矛盾，只不过与感觉型不同的是，她们在挑选对象时会更加注重对方的能力、才华、财富、社会地位等因素。因为她们知道，爱情是需要面包来支撑的，并且一个事业成功的男人也能够给她今后提供更多的发挥空间。当然，必须强调，理智不等于拜金。拜金只是理智型这个大家庭中的极少的一分子。

形成理智型性格的一个重要的因素是家庭的破裂。在调查过程中我们惊讶地发现了一个现象，有很多理智型的女人都经历过父母离异或是丧父的过程。我们试图分析这个因素是否会对理智型的形成产生影响。答案是肯定的。因为当一个女人近距离地感受到了婚姻以及家庭的脆弱性之后，她就会去寻找更稳定的自我保护方式，而这种方式就是努力使自己变得强大，以至于不需要男人或是婚姻也可以过得不错。这颗种子在她心中生根发芽，她用刻苦来为它浇灌，用努力来使之发芽。最终在交互作用的影响下，她成为了一个独立的女人。

需要特别强调一个重点：在现实生活里，每一个女人都会有感觉型和理智型的一面，但其中只有一项符合她的本性。用通俗的方式来解释就是，一个女人在大部分时候都会保持感觉型或是理智型其中的一个，但在某些特殊的时候将会呈现出另外一面。让我们来看两个例子。比如一个理智型的女人在分手之后为自己感到难受，在酒吧小酌了几杯之后独自回到家中并打开了老电影。那是她最爱的一部电影，里面的经典桥段又一次打动了她，她声泪俱下，哭得像一个小女孩。此刻她看起来确实像是一个感觉型的女人。但与感觉型不一样的是，这一天过后，她又很快地调整好心态，把精力和热情投入在了工作和学习上面。又比如，一个感觉型的女人参加了一门成功学的培训课程，在鸡血的效应下面，她心血来潮，决定努力经营自己的未来，成为一个女强人。于是，她回家之后制定了一套“五年计划”。这时候她看起来像是一个理智型的女人，但她很可能由于鸡血的消退和本性所驱使，在两个月之后就放弃这个念头。

2.7.1 看重现实和价值

我们不希望大家带着偏见来看待理智型的这项特质。这就好像是男人都喜欢漂亮的女人一样，我们无需去评价它。这是由几万年来人类演化的基因决定的。理智型的演化机制决定了她们并不会把爱情放在生命中最重要的位置。她们需要男人的物质或是能力给她们带来的安全感。一个极端理智型的女人也许对财富有着过分的需求，但大部分的理智型女人会综合考量一个男人现有财富和他的获得财富的能力。这样她就能知道这个男人是否有足够的潜力在未来给予她一个富裕的生活环境。她们都是聪明的女人，如果一个男人很爱这个理智型女人，但他既没有钱又不上进，那么她最终还是不会考虑和他在一起的。她们喜欢成熟的男人，甚至是年长的男人，因为这样的男人通常具备更多的社会资源、更丰富的社会经验、更高的品味，以及更娴熟的恋爱技巧。这些统统都是打动理智型女人的因素。她们不会愿意天天和一个小男孩待在一起，她们需要她们的男人足够强大，至少比她们强大。社会学家的调查告诉我们，在时间线上，男人比女人成熟得更晚。所以，这就是我们常常看到年纪小的男人追求年纪大的女人容易失败的原因。

黛西，来自于《了不起的盖茨比》，一个复杂而世故的女人。她真的很复杂，让人难以理解。但是仔细想想，也并非无法理解。她是真的深爱着盖茨比，但是因为家境与战事，让他们分开了。那个时候的黛西可能是少不更事，还是一位懵懂的少女，没有让爱情与金钱挂钩。盖茨比去了欧洲参加了战争，与黛西失去了音讯，黛西在苦苦等待之后还是选择嫁给了富家子弟汤姆。在黛西嫁给汤姆之后，他们的婚姻并不和谐，汤姆总爱在外拈花惹草，甚至有着各种各样的情妇。的确，这样的生活并不快乐，但是并没有破裂，直到盖茨比的归来。盖茨比为了让黛西回到身边，拼命地用各种方法让自己成为一名有钱人，最后他成功了，他成为了百万富翁，并且得到了黛西。他们开始了地下恋情，并幻想着有朝一日他们能真的在一起。这时候的问题是，黛西此时已经不是以前的黛西，已经不再是那个纯情的少女了，已经充满了物质与金钱的气息。也许，黛西也爱着盖茨比，只是建立在金钱之上。可能很多人都会去批判黛西的行为，她的世故、她的无情、但是仔细想想，作为一个理智型的母亲，有一个稳固的家庭，会为了一份少女时期的感情而放弃吗？肯定不会的。

2.7.2 务实

务实和价值并不是对立关系。相反，它们相辅相成。一个把精力放在现实和结果层面的男人总会比一个把精力拿去天马行空的男人更容易获得成功。当然，务实还体现在生活的方方面面。一个理智型女人在被公司开除之后，最需要的也许不是你的甜言蜜语而是一个具体的应对方案。她们和异性约会的时候也更喜欢去做一些现实的事情。比如一起完成她的期末作业，或是共同去做一些日程表上的小事情。有趣的地方是，盖瑞曾经在《爱的五种语言》里面提到过，一个人接受爱和付出爱的方式是一样的。这就意味着理智型的女人希望她的男人在一些现实的层面上帮到她，同样地，如果她需要表达她对这个男人的爱时，她也会用现实来回馈。例如，当你出现财务危机的时候，她可能会把她的信用卡借你；当你的房间乱糟糟时，她会果断的拿起扫把帮你打扫房间或是整理好你的衣服。

成为名副其实的“第一夫人”后，宋美龄凭借着自己的才华和美貌，跟随蒋介石在不同的历史时期参与了一系列活动，并长期扮演着重要角色。

1936 年，宋美龄出任航空委员会秘书长，为了组建空军，她在向外国采购飞机、聘请外国顾问等问题上，发挥了自己的外交才能。此外，她还把许多时间花在有关航空理论和飞机设计的学习上。1936 年，宋美龄加紧扩充空军；西安事变爆发，营救蒋介石。1937 年春，蒋介石授权宋美龄掌握空军；宋美龄邀请美国陈纳德将军到中国当空军顾问，并组建了“飞虎队”。在陈纳德的帮助下，宋美龄在极短的时间内就掌握了空军内部领导权，并且成为名义上中国空军的总司令。由此，也被命为“中国空军之母”，与蒋介石同时膺选《时代周刊》的年度风云人物。

1943 年，在美国国会的两院联席会议上发表演说；3 月，同罗斯福总统会晤，并一起举行记者招待会；4 月，到加拿大演讲；呼吁美国把对欧洲的考虑转向亚洲；5 月回国，陪蒋介石参加四巨头会议，为蒋介石担任翻译。

1948 年，杜鲁门当选美国总统，大量压缩援华款项；11 月，她再次飞往华盛顿谋求美援。

2.7.3　独立

既然理智型的女人看重男人价值，那么为什么她们又会选择独立呢？别急，这并不矛盾，有两个原因可以解释这一点。第一，正因为理智型女人更加务实，所以她们会考虑假如有一天因为某些原因使她们不能够再依赖于她们的男人，而那个时候她们已经不是十八九岁的少女了，再想要找到优质的伴侣的概率相对较小。所以，她们必须对自己的未来尽量地做到万无一失。第二，心理学证实，一个人越缺少什么，就会越追求什么，并且注意力也会优先放在这一点上面。弗洛伊德对此做过更详细的解释：一个人一生的追求都来自于他童年时期最缺失的东西。这也能解释为什么通常感觉型的家境比理智型的要更优越了。如果一个理智型的女人从小就缺少物质带来的快乐，那么她们此后的一生当中都会追求物质或是与物质有关的事物，比如优秀的工作岗位（独立）和有钱的男人。

撒切尔夫人 1943 年进入牛津大学萨默维尔女子学院攻读化学，先后获得牛津大学理学士、文学硕士学位。她的父亲罗伯茨是英国格兰文森小城的一家杂货店主。撒切尔 5 岁生日那天，父亲把她叫到跟前，语重心长地说："孩子，你要记住，凡事都要有自己的主见，要用自己的大脑来判断事物的是非，千万不要人云亦云啊。"从此，罗伯茨把女儿培养成一个坚强独立的孩子，下定决心要塑造她"严谨、准确、注意细节"的独立人格。

在牛津大学学习化学专业时，她对于化学的热情远没有她对政治的热情。她到这里不久就参加了这里的保守党协会，并成为主席。18 岁的她曾说过，"政治已溶进了我的血液"。1948 年保守党年会上，她代表牛津毕业保守党协会发言，影响巨大，她被米勒提名为达特福德选区的议员代表。

她在 1951 年结婚后攻读法律，因竞选议员时通晓法律很重要。1953 年她取得了律师资格。在作为在野党影子内阁人士时，为反驳对手，不断地积累大量数据与信息，以无法反驳的语言击败对手。在作为保守党领袖竞选期间，她马不停蹄地到全国各地进行演讲，早上 7 点起床，忙到次日凌晨两、三点才就寝。

撒切尔夫人在 1959 年成为保守党议会成员，1961 年任年金和国民保险部政务次官，1964 年任下院保守党前座发言人。

在第一个议会后，她在麦克米伦的政府担任养老金的初级部长。

1979 年 5 月 3 日保守党大选获胜，撒切尔夫人出任首相，成为英国历史上第一位女首相。

1990 年辞任首相后不久，即被女王伊丽莎白二世颁赠地位崇高的功绩勋章。她的丈夫撒切尔，则在 1991 年获册封为从男爵，以确保儿子马克·撒切尔有头衔可以继承，而这也是自 1965 年以来，唯一册立的从男爵爵位。

1991 年的保守党大会，撒切尔夫人史无前例地获得全场站立鼓掌致意，但她仍礼貌地婉拒上台发言。1992 年英国大选，撒切尔夫人退出了下议院选举，离开了从事 33 年的下议院。

2.7.4　重学业和事业

如果一个理智型女人还没有到谈婚论嫁的年纪，那么她不会把太多的精力放在男人身上。我们经常会看到她们出现在图书馆、自习室，或是招聘会上。她们知道时间的重要性，但她们又不懂时间的重要性。她们把最好的年华放在了自我提升上面，随着惯性，她们越飞越高，获得了其他女生依靠自己的能力获得不了的东西，根本停不下来，直到岁月用皱纹来提示她们该找个好男人嫁了。所以，我们可以看到很多 30 岁左右的“剩女”，她们拥有相对于其他女人更好的生活条件，但她们失去了婚姻。

玛丽·居里 1867 年 11 月 7 日生于波兰华沙的一个正直、爱国的教师家庭。

她从小学习就非常勤奋刻苦，对学习有着强烈的兴趣和特殊的爱好，从不轻易放过任何学习的机会，处处表现出一种顽强的进取精神。从上小学开始，她每门功课都考第一。15 岁时，就以获得金奖章的优异成绩从中学毕业。

她的父亲早先曾在圣彼得堡大学攻读过物理学，父亲对科学知识如饥似渴的精神和强烈的事业心，也深深地熏陶着小玛丽。她从小就十分喜爱父亲实验室中的各种仪器，长大后她又读了许多自然科学方面的书籍，更使她充满幻想，她急切地渴望到科学世界探索。但是当时的家境不允许她去读大学。19 岁那年，她开始做长期的家庭教师，同时还自修了各门功课，为将来的学业做准备。这样，直到 24 岁时，她终于来到巴黎大学理学院学习。她带着强烈的求知欲望，全神贯注地听每一堂课，艰苦的学习使她身体变得越来越不好，但是她的学习成绩却一直名列前茅，这不仅使同学们羡慕，也使教授们惊异，入学两年后，她充满信心地参加了物理学学士学位考试，在 32 名应试者中，她考了第一名。第二年，她又以第二名的优异成绩，考取了数学学士学位。

1894 年初，玛丽接受了法兰西共和国国家实业促进委员会提出的关于各种钢铁的磁性科研项目。在完成这个科研项目的过程中，她结识了理化学校教师皮埃尔·居里，他是一位很有成就的青年科学家。用科学为人类造福的共同意愿使他们结合了。玛丽结婚后，人们都尊敬地称呼她居里夫人。1896 年，居里夫人以第一名的成绩，完成了大学的任职考试。第二年，她又完成了关于各种钢铁的磁性研究。但是，她不满足已取得的成绩，决心考博士，并确定了自己的研究方向，站到了一条新的起跑线上。

2.7.5 喜欢参与，有主见

理智型是比较容易成为团体领袖的类型，甚至是有男人在的团体。如果她同时是一个测试型，介于测试型的社交能力和社交动力，那么基本上在女性团体中她必定是一个团体领袖了。如果还有一个与她性格类似（测试型＋理智型）的存在，那么她们两人必将有一场女人之间的战斗。当然，在两性关系里面，男人都喜欢柔弱的女人。所以，她们也会为了获得男人的青睐而不得不暂时压抑住自己的本性，但在长期的相处过程中，这种领袖型的气质一定会暴露出来。在约会的时候，她们需要感受到参与感，用通俗的话解释就是她们不希望坐冷板凳，也不喜欢一切都由男人安排和带领，她们需要作为队友一同完成目标的成就感与参与感。如果你要和一个理智型女人出门旅游，那么把查询地图或是预订酒店这样的事情交给她是不会错的，甚至她会比你做得更好。

慈禧的一生，经历了从 1840 年至 1900 年帝国主义侵略中国的 5 次战争。第一次鸦片战争，她还是一个 5 岁的孩子。第二次鸦片战争，她已经是咸丰皇帝的贵妃。以后的中法战争、中日甲午战争、八国联军入侵，她则是清王朝的最高决策者。慈禧太后当权时期，清廷的中央集权以及中国主权面临来自内部及外国的种种威胁，她从捍卫清帝国权威及其本身权利的立场出发，所做之举收效虽不尽成功，但放在历史脉络下做持平之论，多数允称合理。因为自鸦片战争以来，来自欧美列强的挑战，以及镇压太平天国等民间反抗势力，慈禧太后重用李鸿章、张之洞等人，在地方开办洋务运动等等一系列的举动，说明了作为一个女流之辈，却有着其他人不具备的主见和能力。

2.8 合理解释型

已故好莱坞影星玛丽莲·梦露和美国前总统约翰·肯尼迪的私情是20世纪最著名的风流韵事之一，梦露的死因也一直是个谜，支持阴谋论的人坚信这不是一起简单的自杀，而是与这段风流韵事有关。梦露与总统肯尼迪打得火热是1961年，那次他们抓住第一夫人去东海岸度假的机会，在彼得·劳福德的家中出双入对，同床共枕。之后又常常约会，在贝弗利希尔顿大酒店共度良宵，或是在圣莫尼卡的沙滩上偷欢。

梦露认识当时的司法部长罗伯特·肯尼迪的时候，肯尼迪总统对梦露已有些厌倦了。

罗伯特·肯尼迪是以其哥哥的劝解人的身份出现在梦露面前的，他告诉梦露：她和总统之间的关系不可能继续发展了。但是他自己却很快被梦露吸引，成为梦露又一个秘密来往的情人。

肯尼迪总统，面临着因追求女色接受控告的危险，而这次危险的风暴，实际上已酝酿多时。肯尼迪兄弟俩接到了种种警告，却毫无顾忌。1961年12月中旬，从联邦调查局接到的消息看，贾恩卡纳准备把与总统有私人关系的弗兰克·西纳特拉请来为他向总统兄弟说情。但后来发现西纳特拉已经没有什么利用价值，就准备把他踢出去，还准备泄露肯尼迪兄弟的私人秘密。

联邦调查局主任胡佛委婉忠告总统，与朱迪思·坎贝尔不应该再联系，也应该拒绝与为贾恩卡纳说情的西纳特拉共进晚餐的要求。

事情好像过去了，一切显得风平浪静，但曾受到恐吓的总统并没有完全接受教训，他们兄弟二人又和梦露搞在一起。

那年初，梦露与肯尼迪兄弟的关系达到高潮，梦露不是与哥哥鬼混就是与弟弟如胶似漆，两兄弟都心照不宣地与梦露保持着性关系。作为一个开放性的女人，梦露完全不在意肯尼迪兄弟俩中的任何一个人知道自己的行径。肯尼迪甚至给梦露一个私人电话，梦露可以从司法部附近的通道直接进入肯尼迪的隐私空间。

1962 年 4 月，梦露的生活似乎逐渐回归正常。梦露一直在不停地向自己的朋友谈论自己与肯尼迪兄弟之间的关系，完全不避讳别人对此事件的看法，但她却没有意识到自己已经处在火山口上了。

在随后的日子里，她为总统的 45 岁生日准备礼物。她精心准备要给总统唱《总统，祝你生日快乐》的歌，因为这是她首次与总统一起公开露面。

生日晚会终于到了。梦露有点紧张，颤巍巍地走到了总统面前，唱起了编排好的生日献歌。掌声、欢呼声响成一片，大家都跟着梦露开始大声地唱了起来。梦露的魅力再一次征服了在场的所有人。会后，梦露被送到卡莱尔大酒店，与总统单独相处了几个小时。这也是他俩最后的一次见面。

但是，他们这次单独约会时，总统对梦露大加指责，原因是梦露唱得过于甜蜜，过于真挚，以至于所有人，连电视观众都看出，她与总统的关系不一般。大多数观点都认为她是有意为之因为作为一个50年代著名的女星来说，表演和另一个人只是普通关系是一件轻松的事情。

自舞会之后，梦露与总统的桃色新闻不胫而走。接着就有人带信给梦露，让她不要再与总统交往，否则可能遇到麻烦。梦露隐约感到，她已先后被肯尼迪兄弟愚弄了，虽然肯尼迪总统从未暗示过结婚，但他的弟弟罗伯特却明显地暗示过。她对来访的朋友直言不讳地诉说了她与肯尼迪兄弟的韵事，并且宣称要把与总统两兄弟的关系公之于众。

再往后的几个月，梦露在自己家中孤独而神秘地死去。

首先，必须为合理解释型正名。不是说合理解释型女人就是淫乱、放荡的，合理解释型的女人对于性也会有着或多或少的抵抗。请牢记这一点。区别于回避型的地方在于，合理解释型的女人对于性关系的心理应对机制不同。在和一个男人发生过性关系之后，她们通过降低性关系在自我心中的重要性来说服自己。“只要做好安全措施，试试也无妨，没什么大不了的”是她们的内心写照。通过不断地暗示自己，她们在心中更加坚定这个信念（类似自我催眠）。千百年来，女人都在这条维度上苦苦挣扎，她们始终无法冲破现实的枷锁，无法摆脱世俗观点的牢笼。其实，合理解释型的女人属于勇敢者，只不过她们的力量还不够强大。由于主观因素占据了主导地位，即使有科学依据可以证明，但始终未能普及。这并不像麦哲伦用航海来证明地球是圆的那么简单。

由于自我暗示起了作用，性关系在合理解释型女人心中变得不那么神圣和羞耻。她们试图说服自己和其他人，性只是爱情中的一部分。在交互作用的影响下，她们开始习惯和男人的肢体触碰。所以，一些特殊的职业，如妓女，通常都属于合理解释型。

有一些极端的例子，有的女人在未成年时期曾遭受过非自愿的性侵害，如被强奸。这种特殊经历很容易使一个女人成为合理解释型。因为在事发之后，她们开始嫌弃自己的身体，认为自己的身体已经不再圣洁。换句话说，也就是她们在自己心中把自己身体（性）的地位降低了。

总体而言，如果一个合理解释型女人和一个回避型女人都喜欢你，那么，你和前者发生性关系的可能性将会更大，并且速度也会更快。但是有一个前提，那就是你也必须降低性在你心目中的位置。简单地说就是，如果你太渴望和她发生性关系，那么她反而会轻视你。然而，一旦如此，你将很难改变这种局面。

在之前我们就提到了一个非常重要的概念——行为模式源于思维模式。这意味着合理解释型女人的思维模式相对开放。这将会导致她们的行为也更加夸张。她们更愿意想象并且实行一些刺激冒险的事情，比如穿着暴露的衣服招摇过市，她们不会在意旁人如何评价她们，甚至还会享受众人的视线。由于信息高度发达，网络成为了我们生活中不可或缺的一部分。受网络的影响，在我们的视线范围内可以看到越来越多的合理解释型女人。我们可以从网络上看到她们的性感自拍，以及一些疯狂的想法。如果她还是一个测试型，那么你甚至可以看到她和不同男人的性感照片。相反，回避型只会让你看到她正常生活的一面。

最后还是要强调，请不要戴着有色眼镜来看待合理解释型的女人，这无关道德，这只不过是她处理这个现实的、简单的情感冲突所采取的自我防卫机制而已。我们无需判断是非对错，只需要深入地了解它，并加以运用，仅此而已。

2.8.1 对于性和肢体接触相对开放

由于合理解释型女人把性在自己心目中的地位降低，因此她们在和男人发生性关系之前和之后，会告诉自己这没什么大不了的。长期的自我暗示会使她们在肢体上越来越开放。但请不要误会我的意思，她们并不会和每一个接近她们的异性发生性关系。从我们的调查中得出一个结论：同为合理解释型，年长的那一位会比年轻的那一位更加开放。毕竟女人的年龄就是资本。随着时间的推移，她们的身体开始老化，加上她们本来就把身体的地位在心目中降低，所以她们更加不在乎自己的身体。注意，这并不是说一个年长的合理解释型女人会比年轻的合理解释型女人更容易追求。这还要取决于她们的另外两条维度。由性延伸出的肢体接触也是值得关注的地方。因为任何一段感情的开始都离不开肢体接触，它能促进男女双方情欲激素的分泌。通常一个回避型的女人愿意和你手牵手走在街上，那么你已经成功了。但对于开放性来说，这样的肢体接触也许只是她们正常社交行为的一部分。

《子夜》中徐曼丽这个人物是可悲的，她并不能代表所有的合理解释型女人。作为女人，她被男人玩弄，给男人们提供娱乐的游戏，而又被那些男人所瞧不起。更可悲的是，她为了满足自己对金钱、奢华生活的欲望，充分发挥自己著名交际花的身份，心甘情愿地任那些有“钱”、有“能力”的男人采摘，并以此为乐。

徐曼丽虽然可悲，但并不足以让人同情，除了她自己自作自受以外，还有她本身就是一个可恨的人。在那个权、钱、色纵横的时代，追求金钱是一个很普遍的现象，徐曼丽也是如此。

当她发现赵伯韬有了新欢，并对她不予理睬时，她毫不犹豫地偷听赵伯韬的谈话，且以此为筹码投入到吴荪甫的阵营中换取金钱。当她明白吴荪甫斗不过赵伯韬，且马上就要破产时，她又毫不犹豫地利用身体换取另一张王牌——雷参谋，迅速地奔向赵伯韬这一边。

2.8.2 不在乎别人的眼光

是的，这一点的重要性不会亚于合理解释型的任何一项特质。这是她们的思维方式，合理解释型一切突出的行为都源于这个思维方式。正因为她们不会在乎别人是如何评价她们的，所以她们可以做出更多为所欲为的事情。这意味着作为一个男人，你可以在追求合理解释型女人的过程中加快步伐。你不必等到第十次约会的时候才小心翼地的牵起她的手，因为也许你和她的第一次约会就已经有过接吻或是拥抱了。

叶海燕，笔名流氓燕，流氓燕本是天涯社区的知名写手，以文风直率和性描写大胆著称。2005 年 5 月 15 日，流氓燕在天涯社区发布清晰的半裸照，一日后又发布全裸写真，引来网友的极大争议。天涯社区的服务器一度因为访问量激增而瘫痪，流氓燕在天涯的博客也立即受到众人的关注。围绕流氓燕的裸露，网友展开了一场激烈的骂战，论战双方激斗了大约一个星期才渐渐消歇。2013 年 5 月 27 日，女权工作者叶海燕就校长带小学生开房事件，在海南省万宁市第二小学门口举牌抗议："校长，开房找我，放过小学生。"抗议性侵小学生的恶行。

2.8.3 更愿意分享心中的秘密

我们把视线转移到精神层面上来。除了性和肢体接触以外，合理解释型的女人也很愿意和别人分享心里的秘密。作为女人来说，这可不是一件容易的事情。从古至今，社会价值观对女人的要求都要比对男人来得苛刻许多。如果一个女人做过一些让人吃惊的事情，那么她最好把它藏在心里。如果被其他人知道，那么将有可能影响到她的生活。但合理解释型如果对你有好感，那么她是愿意将这些秘密告诉你的。有一个大部分男人都不知道的事实是：在一个只有女人的团体里面，性是最受欢迎的话题之一。如果你面对的是一个合理解释型女人，那么她很可能会和你聊聊她以往那些疯狂的性经验，甚至她可以在网络上对一个陌生人发送自己的性感照片。

木子美，广东人，编辑、网络作家。成名作《遗情书》。2003年开始在网上公开自己的性爱日记，尤其是与某摇滚乐手的“一夜情”细节而“一炮而红”，形成“木子美现象”，引发网友热议。后以“不加V”的名号活跃于新浪微博，并因此出版作品《男女内参》。

2.8.4 喜欢刺激冒险的事物

这项特质依然和身体有关。通常意义上的冒险都和身体有着密切的联系。合理解释型的女人更容易被说服去尝试蹦极、跳伞、登山、文身。换句话说，她们并不是那么在意自己的身体受到伤害，这同样是因为合理解释型女人把身体在心目中的位置降低了。但请注意，由于一项特定的娱乐活动在各个国度的普及程度是不一样的，所以，这不代表一个女人不愿意去参加蹦极或是跳伞就不是合理解释型的女人。在中国，大部分女人是不愿意尝试这些的，但在西方也许就不一样了。

孙眉娘是2012年诺贝尔文学奖获得者莫言的长篇小说《檀香刑》中的主要人物，是一个个性鲜明、美丽妖娆、放肆执着的女子。孙眉娘漂亮、风流、妩媚，虽对赵小甲不忠，却又无比真诚。

眉娘的真还表现在她不受封建道德观念的影响，顺着自己的心，勇敢地追求自己的爱情。眉娘看不上傻子赵小甲，所以当风流倜傥、风度翩翩的新任知县钱丁出现后，眉娘无法遏制地心动了。她为了让钱丁记住自己，在斗须中判定钱丁的胡须胜过自己父亲的。她为县太爷得了相思病，于是去拜神婆，去田野找自己最害怕的蛇，想尽一切办法让钱丁爱上自己。在父亲的胡子被人拔了之后，她终于有了“正大光明”的理由走进县衙，去接近自己的心上人。因为私下里喜欢新任知县钱丁而茶饭不思，甚至到了痴情不改的地步，竟要求巫婆作法，让钱丁也对自己一见钟情。“一个戏子的女儿，一个屠户的老婆，一个大脚的女人”敢爱敢恨，直面现实，不向命运低头，真可谓一个大义凛然的民间烈女。

2.9 回避型

武侠小说《神雕侠侣》中的小龙女就是一个典型。她在古墓中生活，从小受到古墓派对于爱情观看法的熏陶，她慢慢地将自己内化成了一个无欲无求、圣洁的形象，从而回避型的特质体现得淋漓尽致。

书中描写道：小龙女缓缓走到溪水上游，也掬上几口清水喝了。临流映照，清澈如晶的水中映出一个白衣少女，云鬓花颜，真似凌波仙子一般。金庸的描写为小龙女塑造了一个清冷不可侵犯的形象：住处是“活死人墓”，修炼的是摒除一切凡人情感的“玉女心经”，谢绝外界接触，更是准备一生不嫁，一生不离开活死人墓。

起初小龙女与杨过的接触是简单的师徒关系，师傅对徒弟的要求严格，杨过睡在寒玉床，觉得冷入骨髓，不愿睡在床上，一下床，就被小龙女轻打。由于以前的生活环境，小龙女对待与其肢体接触是十分排斥的。但毕竟小龙女只比杨过大几岁，而且心理年龄和杨过也差不多，只是暂时充当了师傅的角色。一次杨过练功，在练抓白蝴蝶时，大概一时眼花，误摸到小龙女的雪白双脚，害小龙女惊羞大呼：“过儿，你干什么！”这样的简单的肢体接触对于回避型的小龙女来说，已经突破了自己的限制。一点点肢体接触就会使之大惊失色，十分警觉。

红瓣绿枝，四下里树荫垂盖，清幽寂静，天然结成的一座花房树屋，东南西北都是一片清幽，杨过和小龙女在这样的花丛中练功，一同褪下衣衫，心中坦坦然。在关键时候，被全真教的赵志敬与尹志平偶然看到，他们便以为小龙女与杨过在做一些苟且之事，欲宣扬出去。小龙女在听到这些后，急火攻心，练功出了差错，直接吐了一口鲜血。被别人误会自己，对于名声有十分不利的影响，这比肉体的伤害还要更让小龙女心痛。小龙女表现了比较极端的一面，十分在意别人对于自己的评价，所以就下令杨过杀了他们，这是对于自己名节贞操不容亵渎侮辱的一次体现。

在小龙女的眼中，性一直处于最高的位置，不会轻易地给人，这是自己拥有的最明亮的明珠，而且只有一颗。在终南山下，欧阳锋点了小龙女的穴道，无意间被尹志平撞见，尹志平乘人之危，侵犯了小龙女。小龙女在一段时间内，一直以为是杨过，要求杨过以妻子的身份待她，不许叫她姑姑，杨过傻傻不自知。杨过还以姑姑称呼小龙女，不是以妻子相待小龙女。小龙女心中凄惨，气得发抖，最后哭泣着离开了杨过。这一幕就像一位痴心的女人，将自己的一切交给了自己喜欢的男子，却遭到了男子的背叛。

最后，杨过和小龙女将误会解释清楚，一起似神仙眷侣般回到了终南山，最初的地方。小龙女明白终南山才是自己最舒适、最熟悉的地方，那里是自己长大的地方。在这个地方，自己和杨过可以过上最开心、最幸福的生活。

回避型的女人，十分在意别人对她的评价，不习惯也不愿意和别人有肢体接触，也不会轻易把自己交出去，但是一交出去就彻底对一个男人死心塌地。这样的女人就像隐藏在烟雾中的仙子，犹抱琵琶半遮面，越是这样含羞、保守，越令男人喜欢，这是她们的魅力所在。小龙女就是我国传统中完美的女人形象，自爱、保守，一旦认定自己的情郎就不离不弃，永远在一起。每个男人都渴望拥有一个这样回避型的女子，一生从内到外只属于自己。

我们需要先弄清楚回避（保守）和传统的区别，并不能说回避型的女人就一定很传统。在这里，我们所指的保守更多地体现在一个女人对待性关系以及肢体触碰上的态度。她们并不是顽固不化的，相反地，有非常多的回避型女人都富有强大的想象力。

对于她们来说，性是兼带着感情能量的。这也是为什么她们对于性如此排斥的原因。对于回避型的女人来说，交出了性就等于交出了感情。所以，如不是万分确定这个男人就是她一直寻求的对象，她们是不愿意主动和一个男人发生性关系的。

之前我们讲到过合理解释型的女人通过降低性在她心目中的位置来保护自己。让我们来看看回避型女人面对性关系的心理应对机制。回避型通过升高性在心目中的位置来保护自己。她们心里知道，如果和一个男人发生了性关系，这就意味着风险。这也许会毁了她个人的声誉，或是会出现生理疾病，甚至她会觉得这个男人在和她发生完性关系之后就会对她失去兴趣等等。这就是为什么一个男人想要和一个回避型的女人发生性关系是一件相对困难的事情了。

正因为回避型的女人将性在自己心目中的位置升高，那么当她和一个男人发生完性关系之后就会陷入深深的恐惧。她是喜欢这个男人的，但她并不确定这个男人会和她长相厮守，坚定不移。这就像是她已经丢出了最后的筹码，成功与否只能听天由命了，而对于未知的恐惧，将会诱导出一些特定的行为，如哭泣。她们并不知道自己为什么要哭泣，只是这种宣泄情绪的方式能够使她们感到舒服一些。

由于合理解释型的思维方式相对开放，我们推测回避型的思维模式也会相对保守。调研结果证实了我们的推测。我们发现回避型的女人比较“胆小”。她们不是非常愿意走出自己的舒适区，去尝试完全陌生的事物。例如，一个回避型的女人从来没有去过夜店，对于第一次去夜店这种事情将会引发她深深的焦虑，而焦虑的结果很可能是她将拒绝你的提议。又或者她们不习惯将自己的肌肤裸露在空气中，固而从穿着上更加谨慎保守。

与我们的设想不一样的是，有一部分回避型的女人在性关系中的表现反而更加“疯狂”。之后在弗洛伊德的理论中我们找到了解释。

1905 年弗洛伊德在《性学三论》中提出了力比多（libido）这个概念。力比多亦称“欲力”“性力”“心力”。它是一种与性本能有联系的潜在能量。力比多定理是指：一个人的力比多（性的欲望）是有限的，如果他或她将力比多用在一个人身上，那么用在另一个人身上的分量就会减少。这就可以解释我们的疑问，回避型的女人长期压抑和限制自己的性关系，那么在她体内的力比多与日俱增。当某一天她和一个男人发生性关系时，就能够释放出相对较多的力比多，从而使她的行为看起来更加“疯狂”。相反，合理解释型的女人拥有相对于回避型较多的性关系，那么她能够一次性释放出来的力比多就相对少了。所以，行为看起来也更为正常。

2.9.1 对于性和肢体接触相对敏感

由于回避型女人把性和身体在心目中的位置升高，所以，在她们心中，性和身体是她们与男人博弈最大的筹码。她们不会让一个男人轻易地得到她们的身体，不然的话，她们就会处于被动的位置。这是她们自我保护的方式。如果她们轻易地和一个男人发生了性关系，那么这个男人就容易对她失去兴趣。也有可能因为这个男人而导致这件事情被周围的人知道，这对一个回避型的女人来说可是致命的打击。与合理解释型一样，一个女人对性的排斥程度和她对肢体接触的排斥程度是成正比的。所以，她们不希望男人在和她认识或是约会的初期就对她动手动脚。即使是她和一个男人认识很长时间，而她对这个男人并没有好感的话，她也会排斥与他的肢体接触。在这种反应的背后，除了她的恋人以外，其他人是没有身份之分的。任何一个她不喜欢的异性对她的触碰都会让她感到不适。

金庸的小说《侠客行》中也描写了一位楚楚动人、娇羞可爱的女子，白阿绣。白阿绣是雪山派掌门白自在的孙女，美丽秀气，凌霄城上下将她像小公主一样疼爱。但是在她 13 岁时，被 15 岁的师兄石中玉绑了手足，衣服脱光，意图强奸。回避型少女阿绣对于肢体接触和性看得无比重要，自己名节受辱，于是跳下山崖打算自尽。

白阿绣后来又遇到石破天，这个自己对他有好感的人。因为白阿绣相信石破天是个好人，石破天情不自禁地拉着白阿绣的手，白阿绣羞红了脸，心中却是欢喜的。

对于和自己有着普通关系的人,性和肢体接触是一种负担，会带来不适；对于自己喜欢的人却是一种享受，心中会欢喜。

2.9.2 相对更在意周围人的眼光

就像合理解释型一样，这是回避型女人的思维方式。她们特别害怕周围的人对她们行为的评价。所以，她们不愿意走出自己的舒适区，即使她对一个男人很有感觉，她也不会愿意快速地和他发生性关系。同样地，她们不愿意尝试自己不熟悉的事物，例如之前讲到的蹦极等娱乐活动。她们认为做自己习惯的事情能够更有把握，同时也不会因为出糗而被当作笑柄。在两性关系里面，她们通常不愿意在热闹的公共场合和另外一个男人做出亲密的举动，即使你是她的恋人或是丈夫，她会担心周围的路人用异样的眼光来看他们，这会使她极度不舒服。

在希腊神话中，月亮女神一直是圣洁的象征，不允许有任何言论危及月亮女神的形象。一次，美丽的月亮女神阿尔忒弥斯狩猎回来，在加尔菲亚山谷的一池湖水中洗澡，消除疲劳。女仆从清泉中舀来凉水，冲洗着她的身体。

猎人阿克特翁打猎来到丛林深处，无意中踏进了阿尔忒弥斯的禁地，找到了一块清凉的休息地，非常高兴。女仆们突然看到一位不速之客闯了进来，便起身将赤身裸体的阿尔忒弥斯围起来。阿尔忒弥斯羞红了脸，阿克特翁完全被眼前美丽的女人迷住了，站在那里一动不动。

阿尔忒弥斯威胁道："如果你有本事的话，去告诉大家吧，你看到了什么。"然后就施展魔法将阿克特翁变成了一只鹿，被自己和别的狩猎者的猎犬咬死。

处女猎手奥拉说阿尔忒弥斯不是真正的处女，阿尔忒弥斯无法忍受别人对她的侮辱，请求复仇女神报复她，所以奥拉被酒神狄俄尼索斯强暴。

阿尔忒弥斯更加在意别人对她的目光，不希望有损自己名誉的事宣扬出去，害怕别人对自己的评价。

2.9.3 习惯隐藏心事和秘密

这是由回避型的思维方式决定的。每个人心中都会有秘密，但回避型会有更多。她们非常介意如果把自己的秘密告诉了你之后，你是否会戴着有色眼镜来看待她们。当然，这并不意味着一个回避型的女人永远不会告诉你她心中的秘密。这取决于你们的关系如何。在适当的时候、适当的时机下，她们也会愿意说出心里话。作为一个男人，如果你拥有一个回避型的女朋友，那么你不应该在她不想告诉你一些事情的时候去逼问她，那会使她非常不适。所以，无论是肢体上还是精神上，对待回避型女人的一条万金油定律就是：慢慢来。

2.9.4 更愿意待在自己的舒适区里面

这和合理解释型的勇于尝试的特质截然相反。回避型对于未知的事物都处于警惕状态。她们害怕自己的身体受到伤害，也担心别人对她们的评价。所以，通常她们是不愿意走出自己的舒适区的。她们也会想要像其他人一样去尝试一下夜店的魅力，但又会担心潜在的种种意外。通常在没有人引导的情况下，她们一辈子都不会踏出自己的舒适区。如果你赢得了她的信任，只要你的提议足够合理，她们是有可能和你去试试新东西的。

2.10 三条维度六种类型的总结

2.10.1 这并不是最终的女性性格类型

到这里，三条维度上的六种类型已经大致介绍完毕。第四章里面，我会教你怎么精准快速地判断一个女人属于什么类型。但是在这之前，让我们把这三条维度的六种类型组合起来，看看会发生什么样的化学反应。还记得我说过什么？是的，这三条维度是一切的基础。最终形成的八种类型全部来自于这三条维度的不同类型组合。请注意，每一条维度，只能选取一种类型与其他维度相匹配。因为没有同时占有一条维度上两种类型的情况。

2.10.2 成型

通过前面讲到的三条维度六种类型，我们可以组合出八种最终类型，它们分别是：

投资型 + 感觉型 + 回避型 = 邻家女孩

投资型 + 感觉型 + 合理解释型 = 灰姑娘

投资型 + 理智型 + 回避型 = 鉴赏家

投资型 + 理智型 + 合理解释型 = 现代女人

测试型 + 感觉型 + 回避型 = 冰美人

测试型 + 感觉型 + 合理解释型 = 花蝴蝶

测试型 + 理智型 + 回避型 = 女教父

测试型 + 理智型 + 合理解释型 = 勾引家

第三章

刨根问底，女性的核心需求

每个人做一件事情之前都会有他的动机。女人选择男人也是一样。如果你知道了她真正需要的是什么样的男人，那么你很难走在错误的道路上。更重要的是，一个女人的真正需求往往不那么容易改变。她会一直追求她想要的东西，包括男人。

3.1 心急吃不了热豆腐，让我们放慢一点脚步

很多人会跳过本章，去看后面的类型章节。如果你希望能够完全理解并掌握本书，我建议你放慢脚步来看看所有行为的源头——核心动机。

尽管动机以常识为基础，却有着魔力般的作用。理解行为背后的动机才是《女生密码》真正的魅力。大多数的两性关系理论都没有涉及这一点，她们全都以行为为基础。我们都知道，在不同的场合，人们可以学习并且改变行为，而性格源自于核心动机，不能够轻易改变。这比单纯地确定她的行为如何更加深刻。这就是人们很快忘记其他两性关系理论的原因。很多人发现，他们按照那些理论去和一个女孩相处的时候会显得生拉硬拽，前后不一。《女生密码》永远都不会出现这种情况。当你准确地了解了一个女人的核心性格，以及她的动机、需求时，你总会明白她的行为具有怎样的潜在含义，并且能够预测她的下一步行为。

· 5 级行为

· 4 级价值观

· 3 级性格

· 2 级需求

· 1 级核心动机

了解行为背后的原因后，你就能发现自己对于女性的理解深度。当你了解行为背后的原因，理解女人的动机、需求时，任何一个女人你都能够看得更加深刻、更加清晰。

行为是需求决定的，需求则由动机决定。动机是我们一切思想和行为的最深层次原因。它能够解释我们为什么那么想，并且为什么那么做。它是人类性格的原动力。动机与性格的关系就像是人体与呼吸的关系一样，密不可分。

动机是确定女性择偶标准的主要方法。每两个类型都代表着一种核心驱动力。地位驱动着女教父和勾引家。亲密关系驱动着灰姑娘和邻家女孩。快乐驱动着花蝴蝶和冰美人。稳定驱动着现代女人和鉴赏家。在下面的章节里我们会深度解析核心动机。在这里必须要说，如果你能够掌握女人择偶的核心动机，你身边将永远不会缺乏优秀的女人。

我曾经接过的一个咨询案例：一个鉴赏家和她的男人商量好了让她出国交换一年的事情。一切都按照计划在进行，但就在出国前的 3 个月，鉴赏家突然提出了分手。这个毫无征兆的闪电一瞬间将男人劈得目瞪口呆。他不理解为什么，于是他去询问这个女人原因并试图去挽回这个女人，可都毫无效果。鉴赏家非常坚持她的想法。他猜测了第三者出现的可能性，并且也试着去打探过，可始终都找不到证据来证明他的猜测。他很苦恼，甚至一度怨恨起了这个女人。再后来，这个鉴赏家给男人发了一封很长的邮件：

亲爱的，今天我问你，你是不是对我很着迷。也许刚看到这个问题，你会觉得无厘头。但其实，我的想法很简单，就是想让自己特别在乎的人特别特别地在乎自己。对于一个女人来说，能在自己男人的心目中有魅力，能让自己的男人对自己着迷，能时时收到他真心的赞美，是一种莫大的幸福。我知道，你对我不是特别迷恋的那种，我可能并不是你心中的女神。你也有自己的骄傲，作为男人的骄傲，所以并不会为女人“折腰”。

而且，客观地讲，我自己离“女神”还有相当长的距离，但我想说，我想让亲爱的对我着迷，深深着迷。

过去的一年里，我们又一起经历了很多。我们面对了很多的转变、困难，当然也收到了很多惊喜。有人说，喜欢是得到，而爱是付出。现在，我更理解这句话了。先要表扬一下亲爱的你的进步，比起之前，你在情绪控制、理解、宽容、忍耐以及积极解决问题方面都有明显的进步。我知道，你在一步步走向成熟，也更加完美。

再说说我这一年，可能对你多了很多挑剔。但请相信，这些挑剔都源于爱。之所以我会挑剔，是因为对亲爱的有期待，对我们有期待。我执着地、有多于一万个理由相信，你很好，并且可以更好！你就是贵族，就是有品位，就是有能力，就是可以给我理想的生活。虽然，现在看来，你天天加班累死累活的，工资还不多，还没户口，比民工也好不到哪儿去，但我知道，你需要的只是时间。在未来，你会比我现在欣赏的那些男人更让我欣赏，并且，我希望我可以欣赏你一辈子。我希望，你可以一直比我优秀。然后我要做的就是，窝在你温暖的臂弯里，深深爱你。

所以，我会挑剔你，甚至是嫌弃你，但那是因为我不甘心，我觉得你和我应该都更好才对。有时我会心急，态度不好，向你道歉。我知道，陪伴一个男孩成长为一个男人的过程特别漫长。所以，在未来的一年里，我会更多些耐心，但也请亲爱的，快些进步。

生活不仅有现实，还有诗意和远方。现在，面对现实生活，我们确实并不富有，好吃的、好看的衣服、打车、打电话都觉得贵，甚至过去的这几个月咱都靠借债过日子，对于我这个之前几乎不会为钱忧虑的大小姐来说，这样的日子我也是头一次遇到。不过，我认为，我拿出了勇敢、决心和智慧，并且在实际行动中也大致能把日子过好。不过，这些都是暂时的，我有超过一万个理由相信，我们不会缺钱。特别是，我们两个人对待生活，从来都不缺诗意和远方。

在精神的方面，我觉得我们还挺富有。也许咱们两个的兴趣并不完全一样，你喜欢读书、跑步，而我喜欢唱歌、跳舞。我们还都喜欢旅行。我也特别希望以后大宝可以学学摄影，小时候画画好学起来应该不会难。我们对生活都有追求，而且慢慢地，在各个方面我们都会越来越有品味。

未来，我们一定会过上精致健康的生活。家，对于我来说，不只是有奶奶和爸爸，还是——有你、有我、有小万、有莉莉的地方。我们可以穿可爱的亲子装，我们可以很开心地旅行，我们可以有温暖整洁的家，我们可以做好吃的饭、选好看的东西，孩子们可以天真无邪健康快乐……对于我们的家，我有太多的期许，所以我经常会羡慕，也经常会幻想。

生活中，我们时刻面对的和谈论的，绝大部分都是琐事。但这并不妨碍，在我们心里永远有品味和诗意。未来的一年，希望大宝能更好地适应转变，更好地找准自己的位置，变得更加从容淡定，更加成熟有品位，更接近一个完美男人。

后来在我和这个男人的交流中，我发现了事情的真相：这个鉴赏家追求的是稳定的婚姻和生活。她认识到，在去国外的一年时间里有可能因为时间和距离的原因导致两个人的感情变质，甚至是破裂。她担心一点小小的蛛丝马迹就会引起两个人的猜疑和不信任。同时，她也希望这个男人能够在她不在的一年时间里更加强大，承担起支撑一个家庭的责任，所以她选择了暂时封存他们的感情。从这封分手之后的信件我们可以看到，女人很明确地表达了她对这个男人以及他们之间感情的依依不舍。她讲道："我想让亲爱的对我着迷，深深着迷"，"但请相信，这些挑剔都源于爱。之所以我会挑剔，是因为对亲爱的有期待，对我们有期待。我执着地、有多于一万个理由相信，你很好，并且可以更好！""未来，我们一定会过上精致健康的生活"。这一切都能够证明这个鉴赏家真正想要的是一个稳定、美满的未来，而不是一时的快乐。虽然她没有明确地说明这样的想法，但是从她的字里行间我们可以感觉到她的用意之明显。

男人不理解女人为什么要在出国前突然提出分手，是因为他只看到了这个女人的行为——提出分手，而她没有看到这个女人的需求和动机。我们已经讲到了，这个女人所做的一切都是为了能够和这个男人获得一个稳定、美满的将来。这就是她的需求，而这个需求源于鉴赏家的动机——稳定。

这个例子说明了鉴赏家的特点，而每一种性格都具有自己的一套需求和行为模式。这一切都有一套独特的动机催生。所以，你现在应该能够理解为什么我一直在强调动机的重要性了。

当你去审视一个女人的需求和动机时，请记住：尽管每个个体都只有一个核心驱动力，但是，不同的维度组合会影响一个人的需求和后续行为。下面的这个表格很简单，粗略地把八个类型分成了四类，并且清晰地解释了四种核心驱动力决定的性格。

表 3.1 四类女人的动机、需求和行为

		测试型 + 理智型	投资型 + 感觉型	测试型 + 感觉型	投资型 + 理智型
动机		地位	亲密关系	快乐	稳定
需求		（看起来）有分量	做好女孩	看上去很棒	自我感觉良好
		正确	得到关爱	获得注意力	获得尊重
		得到尊重	得到赞赏	得到喜爱	获得安宁
		得到精英群体认可	追随	得到大众群体认可	善良
行为		掩藏心事和不安	脆弱	（略微）隐藏心事和不安	忍受心事不安
		追求成就	追求感情	追求快乐	忍让
		领导他人	追随他人	自由	细心
		有执行力	爱幻想	有冒险精神	独立
		有挑战精神	无安全感	无忧无虑	自我满足
		没有耐心	易恐慌	弱逻辑	有耐心

3.2 测试型 + 理智型（勾引家，女教父）

测试型和理智型的组合是非常强大的。这意味着她们往往是社交环境中的主角，并且在男人身上通常也有着相对其他类型更为丰富的经验。

3.2.1 喜欢控制

简而言之，这一类女人喜欢一切由自己做主。如果她在一个能够指挥兄弟姐妹或是朋友的环境中长大，随着年龄的增长，她会变得越来越难管理。在两性关系里面她们总会和男人争夺主导权，或许是在大是大非上面，或许是该去哪一家餐厅吃晚餐。她们喜欢挑战极限，除非有人能够出面阻止，不然她们很难自行罢手。通俗一点讲，她们身上都带有一定程度的“强迫症”。

3.2.2 渴望成就

测试型 + 理智型的核心驱动力是地位。这就意味着从 A 点到 B 点。当她们决定做某件事情的时候，却没有足够的能力去执行，她们就会沮丧、失落。如果你阻挡了她们的去路，或者阻止她们到达 B 点，她们就会向你发起挑战或是彻底避开你。无论是学业、事业还是人际关系，这一类女人都喜欢有所作为。她们不甘心和那些“小女孩”为伍。你不能够指望她们会重视你所重视的东西，相反地，她们希望你能够重视她们重视的东西。比如，她们认为应该获得双学士学位，如果你告诉她“女子无才便是德”，那么她们就会看低你。当这一类女人有了一个工作的事由，你就可以看到她们如何立刻行动起来。她们不喜欢拖延，更不允许拖延。完成任务是她们获得成就感的第一大来源。然而，她们会抗拒没有成就感的工作或是任务。同样地，她们也会抗拒没有挑战性的男人。

3.2.3 希望自己在精英群体眼中是有地位的

这一类女人喜欢让自己看上去知识渊博，懂得很多。她们渴望自己尊重的人认可她们的智力和能力。她们虽然也需要男人的关爱，但是她们更加希望得到男人的尊重。她们会认为自己的逻辑思维和务实的思想可以得到别人的佩服和赞许。当你和这一类女人打交道时，要冷静、精确，并且胸有成竹。她们不喜欢没有自信的男人。这一类女人的情感会显得稍微有点迟钝，她们对眼泪或是其他的敏感情绪会表现出无动于衷。

3.2.4 喜欢挑战

她们特别喜欢有挑战的事物和男人。通常她们只会为了使辩论本身更加有趣而引发一场争论，并努力获得最终的胜利。这一类女人通常逻辑思维能力超强，善于表达，喜欢别人认可她们的想法和观点。很明显的一点，这一类女人在表达自己意见的时候很少说“我认为”。基本上其他类型的女人和这一类女人在一起争论都会落于下风，她们无法在逻辑层面去击败这一类女人。后来才发现，这一类女人往往是为了争论而争论。不要以为她们的强势是针对某个人的，大部分时候她们去争论只是想显示自己的地位和优越性。

在两性关系里面，她们特别喜欢去挑战那些已经有选项的男人们。当一个男人的身边有其他优秀女性的时候，会使得她们非常兴奋，击败同性竞争者是她们最能够获得满足感的地方。有时候她们并不是喜欢一个男人而发动攻势，而仅仅是为了享受战斗的快感以及胜利的成就。

3.2.5 追求领导地位

在工作层面，她们喜欢不断提升自己的地位，因为只有这样才能够让她们控制更多的人。她们喜欢按照自己的方式去做。这一类女人通常会为了追求领导地位而付出很大的代价。在两性关系层面，她们习惯也善于用她们带有压迫性的能量去取得两个人之间的主动权。假如男方同样也希望获得主动权，那么他们两人之间必将产生种种矛盾。她们是最有可能与比自己弱小的男人发生亲密关系的一类女人，虽然她也追求强大的男人，但她们往往觉得和比自己弱势的男人在一起相处更加轻松。

3.3 投资型 + 感觉型（邻家女孩，灰姑娘）

投资型和感觉型决定了这个女人会偏向传统，但不意味着保守。在这点上很多人都搞错了。如果女人也能拿到“好人卡”，那么感觉型和投资型的组合可以拿到最多。

3.3.1 珍惜情谊

投资型 + 感觉型的女人更看重从 A 点到 B 点中间的这一段人际关系，而不是到达终点。她们喜欢被爱和爱别人的感觉。对这一类女人来说，成功意味着她们能够获得更有质量的感情，并且影响别人的生活。在处理人际关系时，这一类女人会努力处理好与每个人的人际关系，这让她们感觉到安心和满足。她们非常喜欢成就别人，当她看到别人特别是伴侣的成功时她们会显得非常兴奋。有时候，她们可以牺牲自己来成就对方。

3.3.2 利他主义

这一类女人会无私地燃烧自己，让周围的人过上更好的生活。为了让某个朋友幸福，她们会愿意放弃一些东西。她们非常在乎别人的感受，那是因为她们对于情绪特别敏感。她们不希望周围的人会因为她而感到不开心。自我牺牲是她们的别名。如果你强行要求她们只为自己考虑，这会让她们感觉到非常不适。她们是最有爱心的一类女人，虽然她们不一定能够帮助到她们的朋友，但是她们会献出自己的热情，用她们能够达成的方式去安慰他人。

3.3.3 需求赞美和理解

她们是最没有安全感的一类。从“依恋关系”的角度来看，她们更加接近焦虑—回避型人格。依恋理论认为，早期亲子关系的经验形成了人的“内部工作模式”，这种模式是人的一种对他人的预期，决定了人的处世方式。内部工作模式会在以后的其他关系、特别是成年以后亲密关系和婚恋关系中起作用。大量的研究表明，早期亲子依恋的质量会对个体的人格和心理产生重要的影响。这一类人天生没有自信，对于拒绝和失败会让她们感到非常的失望。她们需要通过别人的赞赏和理解来给自己增加安全感。如果她们的恋人总是在外面拈花惹草，或是不愿意花时间陪伴她们，那么她们就会暴露出深深的不安和焦虑感。所以，对于这一类人来说，关心她们的想法和情绪就显得非常重要。

3.3.4 道德感强

这一类女人认为得体的行为和适当的规定对于每个人的生活质量具有重要的作用。她们通常不会愿意去尝试与社会主流价值观相违背的事物。她们更加传统、善良，并且喜欢做她们认为正确的事情。在所有性格当中，这一类女人最具备强烈的诚信意识。从道德上来看，这一类人不会滥用职权去侵犯他人，而当她们对其他人的不道德行为进行评价时，会显得过于激动和自以为是。

3.3.5 易幻想

投资型 + 感觉型的组合决定了这一类女人更喜欢憧憬一些美好的，

甚至是虚无缥缈的感情。她们对待感情往往有着盲目的追求，以及不切实际的观念。她们是真正可以忍受，甚至是享受“没有面包的爱情”的一类女人。当现实冲击了她们对于感情的幻想时，她们会沮丧到难以呼吸。如果可以，她们一定更愿意活在童话里，即便她们一辈子也出不来。

3.4 测试型 + 感觉型（花蝴蝶，冰美人）

测试型和感觉型的组合让这一类女人非常迷人。很多情况下，她们那些让你捉摸不透的行为正是对你致命的吸引力。

3.4.1 喜欢玩乐

测试型 + 感觉型的女人喜欢轻松有趣的生活方式。她们甚至认为生活就应该是一场晚会，而她们则是晚会的核心。这一类女人从来长不大，她们相信生命的意义就是获得快乐。她们喜欢社交聚会，也喜欢与人交往。对于恋人，最好是风趣幽默，并且比她们更加懂得“享受生活”的一类人。她们也会难过和失落，但只是少部分时间。她们只有在获得快乐的时候才能够感觉到自己的存在。

3.4.2 需要被当成核心

有些性格的人永远也不需要被人仰慕或是被当成核心，但这一类型的女人只有获得他人的目光时才会有活力。假如她们一直坐在冷板凳上面，她们就会感觉到不舒服。她们需要你去关注她们。可讽刺的是，想要获得她们的关注，就只有不去关注她们。被人忽略的时候会让一个测试型 + 感觉型的人感觉到焦虑，如果她正在被她欣赏的人忽略，那么她很可能会想一些办法来吸引他的注意力。虽然她们通常给人的感觉都是乐天派，但是她们也会有恐惧和沮丧的时候。除非你已经取得了她们的信任，不然的话，她们很难向你吐露心事。

3.4.3 需求感情

虽然这一类女人看起来无忧无虑，但作为感觉型的女人，她们同样非常需要感情。有时候看上去她们很冷漠，或是对一切事物都不在意，这就大错特错了。她们需要别人的关注和关爱，冷漠只是一个表象，只要你能够按照她们的方式来，你就会在她们身上获得成功。

3.4.4 渴望自由

与其他类型的女人不一样，这一类女人更加需要自由。这里说的自由并不是她能够随意地去到某一个地方，而是思维上的自由，她们喜欢天马行空地想象。当她们的想法被限制或是反驳之后，就会使她们感到失望。如果你能够用鸡血的方式给她们的想法注入动力，那么她们就会非常喜欢你。

3.4.5 喜欢冒险

这一类女人非常容易感觉到枯燥，所以她们渴望冒险。她们永远无法长时间地一动不动坐着。她们在选择朋友和恋人时也是一样，拒绝世俗琐事阻挡她们追求生活的本质——快乐。但是不无讽刺的是，很多这样类型的女人被人评价为小女生。实际上，这是她们的性格所致，她们为自己的内心无法接受约束而感到骄傲和苦恼。她们永远不能够集中精神去做那些她们不感兴趣的事情。

3.5 投资型＋理智型（鉴赏家，现代女人）

投资型＋理智型与测试型＋理智型相比，她们少了一分强势和侵略性，但多了一分女人味。

3.5.1 喜欢稳定、顺利的生活

投资型＋理智型的组合决定了这一类女人一生都倾向于按部就班，风平浪静。她们不像测试型＋理智型的女人那样追求自我。因此，她们都拥有与人为善的性格，并且她们能够客观地去欣赏所有人。她们就像是水一样，有着稳定和灵性。她们不会去斤斤计较于一些小事从而满足她们的自我需求，她们更加有大局观念。她们不喜欢戏剧化的生活，也没有极为苛刻的要求。她们心甘情愿地去接受生活中的一切挑战。

3.5.2 善良

这一类女人是极其善良的。与投资型＋感觉型的女人不一样，她们不会过度关心，她们的爱心非常理性。就像是她们知道有时候回避和拒绝也是关心他人的一种方式一样。她们认为善良是每个人的基本素质，但是她们拒绝不理智的善良，只要给予她们充分的理由，她们可以最大程度地去帮助一个人。这一类女人在受煎熬的时候，会默默地忍受，而不会立即发火。她们都具有强烈的自我控制力。

对于她们的伴侣，她们会用她们认为正确的方式去关心他。这意味着

她们不会给予一些没有建设性的意见，而会时时刻刻顾虑到伴侣的情绪和心情。她们知道什么时候该说，什么时候不该说，也知道给予现实的帮助是最具实际意义的。

3.5.3　独立

与喜欢控制别人的类型相比，这一类女人只追求避免受控。她们喜欢自己的伙伴，也喜欢得到别人的尊敬，并且希望能够按照自己的节奏来生活。她们喜欢在自己擅长的领域按照自己的方式和步调来做事，不喜欢别人的强行干预。她们不会向他人索取什么，更加讨厌别人对她们索取什么。她们可能会为了维持和平去遵守她们认为不合理的要求。但是时间久了，她们难以忍受的时候也会展示出暴躁的一面。

对于伴侣，她们处于依赖和偏离的一个中间地带。她们不会像投资型 + 感觉型的女人那样过度依赖她的伴侣，她们知道每个人都需要自己的私人空间。同时，她们也不会像测试型 + 理智型的女人那样强势，她们能够做好贤内助这个极其需要智慧的角色。

3.5.4　细心且敏感

在别人的恳求下，这一类女人会提供敏锐的洞见，但是她们很少主动表达自己的想法和观点。她们喜欢默默地思考，并且谦虚地认为她们的看法没有其他人的那么重要。如果有人邀请她们发言，她们非常善于抓住事物的本质，并且提供有价值的意见。她们是一段关系里面的隐形支柱，虽然她们有时候并不善于表达，但是她们会用自己的方式默默地为一段感情做出贡献。当你恍然大悟的时候，你就会发现，她们是多么具有智慧的一类女人。

3.5.5 接受多样性

出于很多种原因，这一类女人觉得每个人有每个人的立场和观点是一件可以理解的事情。她们不会强迫别人接受她们的观点，同样地，她们也能够接受每一个人的观点，并且站在一个制高点去审视每一种观点的价值。她们喜欢听取别人的意见和方案，她们不会牺牲别人的利益来完成自己的目标。她们喜欢帮助别人，也是非常好的伙伴。

3.6 关于需求、动机和行为的总结

现在你应该基本了解了每种性格的优势和劣势。请记住，所有的行为都源自于核心动机和需求。

虽然你已经明白了每一种性格的优势和劣势，但是希望你能够辩证地去看待它们。性格不分优劣，也不要戴着有色眼镜去看待某一种类型的女人。所有性格天生都具有杰出的天赋，也有需要克服的障碍。你要学习的是把它们当作一个整体来看待，然后领悟与她们相处的诀窍，而不是去评价某个人。

假如你拥有一段感情或者即将拥有一段感情，希望你能够学以致用，不光是让你们的关系变得更好，而是去帮助你的她，让她也成为一个更加完美的女人。

第四章

判断她的类型

如果我们能够准确地知道一个病人一直头晕是因为睡眠不足还是因为神经衰弱，那么我们就可以针对不同的问题采取不同的办法。同样地，如果我们能够准确地知道女生属于何种类型，那么我们从一开始就可以知道怎么与她相处。

4.1 判断类型前注意事项

当你翻开本章时，你很有可能迫不及待地想翻到后面的测试题去，而忽略了此刻你正在阅读的真正能帮助你准确判断女人类型的文字（测试题不列入主要判断方法中）。我们都在网络上看过太多的心理测试，可能你也早已被这些博君一笑且无需动脑的八卦测试惯坏了，有时候，很多人觉得只需要随便做几个测试题就可以知道自己或是他人的性格。这是一个不负责任的做法。通过一些测试题的结果就给自己或者他人贴上某种标签，并且按着这个标签所给出的建议去指导实际生活，很容易把你的生活搞砸。这本《女生密码》目标在于判断别人的类型并且用针对性的方法去与之交往，更强调用观察法的方式去判断一个人的类型，并且不断地修正它。别怪我没提醒你，如果对性格类型判断有误差的话，你不得不按着错误的方法去与之交往，而错误的方法意味着错误的结果。

4.2 影响判断类型的四大要素

当你试图去判断一个女人的类型特征时，你可能会遇到许多阻碍。根据我们的教学情况来看，通常新人容易受到一些客观因素的迷惑而失去对女人类型的判断能力。所以，认识这些客观因素可能会对你提升判断类型的准确率有所帮助。这些因素分别是：

- 在幼年时期父母（家庭）对女人的影响
- 人生中重大的记忆或是影响深刻的事件
- 社交圈的影响
- 文化和习惯的影响

4.2.1 在幼年时期父母（家庭）对女人的影响

在所有影响个体成长的因素排名中，父母（家庭）对一个人性格成形的作用最为突出。我们可以看到历史上大部分的伟人都拥有一个不堪的童年，他们或是家庭贫穷，或是缺少家庭的关爱，甚至被家庭遗弃。就是这样的经历在他们的童年划下了一道伤口，影响了他们的人生，使得他们一辈子都拥有源源不绝的动力去追求自己曾经缺失的东西。就比如说，一个女人在她的童年时期父亲因病去世了，于是在她的成长过程中一直缺少一个强大男人的形象伴随左右。这就容易让她形成“不能依赖男人”的信念，由此她就成为了一个独立的理智型女人。又或者是她的父亲出轨，执意要和她的母亲离婚。这就会使她产生“男人都是靠不住”的想法，对世界产生许多负面认知。这也会使她成为一个理智型的女人。

相反地，如果一个女人从小就生活在一个富裕并且友善的家庭里面，那么她对世界的认知会是正面的。她就更容易相信美好的事物，同时也更加单纯。当然，这也具有两面性。一个单纯的女人会拥有纯净的心灵以及更简单的快乐，但往往也容易遭受到欺骗。在感情世界里，经常出现此类情况——富家小姐被情场高手所玩弄。造成这个结果的原因是作为女人的她太容易相信一个人，而究其根源，依旧离不开家庭对她的影响。

在那种父母经常发生剧烈冲突的环境下的个体，个性往往得不到健康平衡的发展。类似《中国式离婚》中，宋建平与林小枫的频繁冲突导致孩子的自残事件在现实生活中数不胜数。由此可见，父母以及家庭环境对个体性格的形成造成了多么巨大的影响。这也就是为什么在这个单亲家庭越来越普遍的社会中，子女的心灵总是受到巨大的摧残。

除了对性格的塑造以外，很多男人也容易被她的因家庭环境而被迫做出的行为（姿态）误导。比如，这个女生从来不在晚上 9 点之后回家，这时候大部分的人会认为这个女生的内心相当保守。可往往事实并不是这样的，有可能是她的父母出于保护她的目的而迫使她必须早点回家，而与她本身的意愿无关。这就是一个迷惑你判断其类型的烟雾弹。

4.2.2 人生中重大的记忆或是影响深刻的事件

人的一生都会经历刻骨铭心的事件，而这些事件往往对一个人的性格形成起到了举足轻重的作用。比如，学习上的重大打击，或者是情感经历中的磨难与坎坷，成长过程中突如其来的横祸变故。任何一项只要它的影响力足够强烈，都会对一个人的性格造成终身性质的影响。

一切的重大事件，都会不经意地来到我们的面前，然后给我们的生活带来一个颠覆性的重创，最后以几乎不可逆转的方式在形式上改变我们未来生命的表现方式。

当然，有时候当一个女人遇到了重大事件后，短时期内她对这个事件以及与这个事件相关联的事件会产生不一样的想法。在经过一段时间后，她又找回了原来的那个她。这就要求判断者不能依靠单一元素对一个女人的类型做出判断，而应该综合其他特质，不断地修正，最终确定一个她的类型。

4.2.3 社交圈的影响

除了父母以外，一个人的社交圈也会对他的个性造成深远的影响，甚至在长时间内改变一个人的行为特征。这个社会上有着明确的阶级区分，也有着明确的社交圈区分。一个人处于什么阶级，或是什么圈子里面，往往会对他的个性产生无可估量的影响。一个人长期待在奢侈品圈里面，那么他在社交的时候就容易把注意力放在对方衣着打扮的档次上面。当他认为对方的档次不够高时，他就容易产生蔑视的心态，甚至是在行为上表现出来。一个党政人员和商人又不同，前者通常需要在众人面前表现出执政为民、公正廉洁的形象，而后者往往得让自己看起来很有经济实力。

如果一个女人身边都是邻家小女孩，那么她对未来的憧憬很可能是找一个相知相爱的男人共度余生。如果一个女人身边都是物质优先的拜金主义者，那么她很可能在选择男人的时候更多地把注意力放在对方的财富基础上面。

4.2.4 文化和习惯的影响

从时间维度上来看，古代文化对女人的理解和现代文化对女人的理解是不一样的。在古代的时候，对女性从来是要求“大家闺秀”和“三从四德”，所以一眼扫去，在那个年代，女人清一色的是回避型。事实上也出现过韦氏和潘金莲此等放荡女子，这就说明，在大环境下面，主流的社会价值观很容易使人对类型判断错误。

从空间维度上来看，泰国大概是性开放程度数一数二的国度了。在那个地方，性交易是合法的，甚至有国际刑警专门驻扎在当地，只为保护外国嫖客的人身安全。在这样的环境下，女人变得主动，为了赚钱，她们对搭讪男人早已习以为常，甚至会给人一种性别互换的错觉。这就使人容易将这些女人判定为测试型。但事实上未必如此，因为如果你不主动出击的话，就意味着你今天晚上将没有收入，甚至会被这个行业淘汰。

4.3 观察法

观察法指的是通过你自己对她的观察，或者是从侧面得到的信息，对她做出综合的类型判断，这个方法是目前来看最为准确的一个方法。以下特征都是你能够在和她初次见面时通过观察法判断其类型的重要指标。当然这并不是全部，因为每一个环境以及每一个个体都不一样，我们无法全部列出。

第一，在判断类型时，不要因为她对应上了某一条指标就坚决认定她是什么样的类型，而是应该先初步确定她的综合类型，然后在和她相处的过程中不断地修正，直到你无比地确定。或许听起来有点复杂，如果你愿意去实践一下，就会发现其实并没有那么难。新人一般可以在 15 分钟以内判断出一个女人的类型。对这套系统驾轻就熟的人一般可以在 1 到 5 分钟之内得出类型。再熟练一点，一眼就可以判断出类型。

第二，如果你直白地问她一个问题，她也许不会告诉你实话。就像测试型的女人一样，她们会和不同的男人约会，但她可能会告诉你她很少和男人出去。又比如合理解释型的女人，她们也许会和很多男人发生性关系，但她不可能主动告诉你这些。毕竟，合理解释型只是相对开放，任何事情都有度。

第三，如果你对女生确实没有什么概念，那么建议你按照下面给出的思维导图一一对应，看看你面前这个女生最符合以下 6 种类型的哪一种。

如果她在很多特点上都符合其中的一种类型（不可能符合多种类型）。那么你可以暂且认定她就是那一类型的女生。但请不要忘了，在你和她的交往过程中不断地去检验，并且修正。

4.3.1　测试型

测试型女生的主要显著特质如图 4.1 所示。

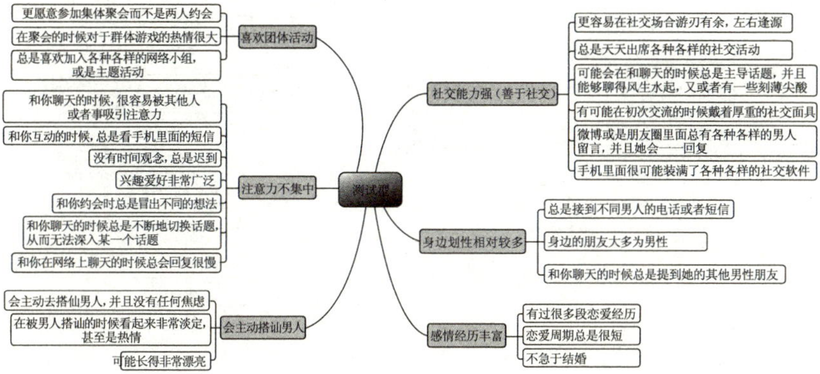

图 4.1　测试型

4.3.2　投资型

投资型女生的主要显著特质如图 4.2 所示。

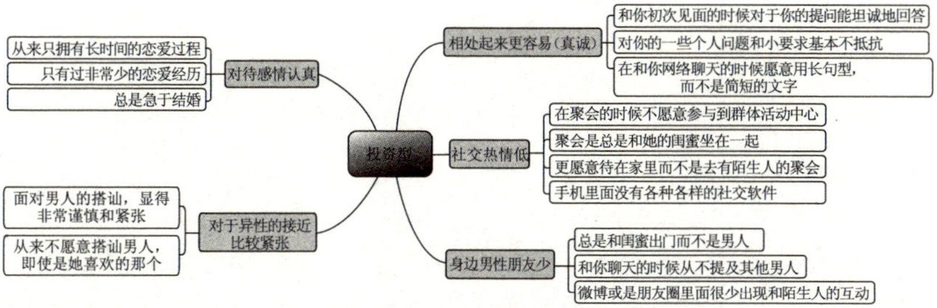

图 4.2　投资型

4.3.3 感觉型

感觉型女生的主要显著特质如图 4.3 所示。

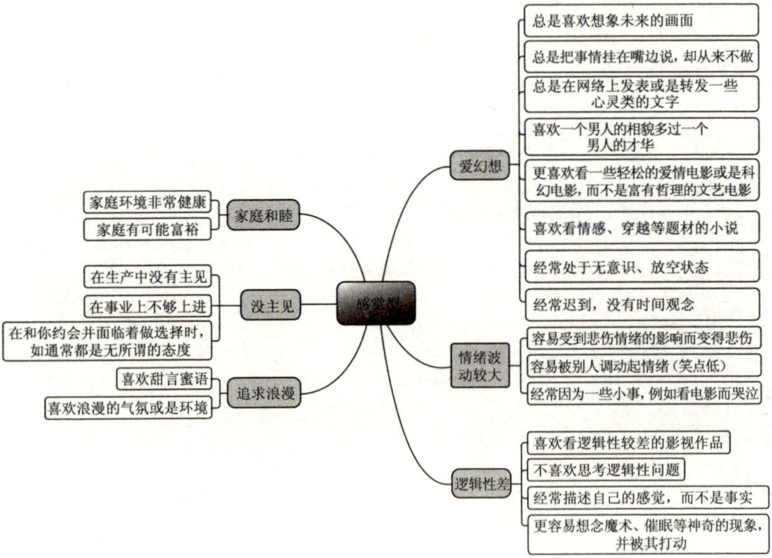

图 4.3 感觉型

4.3.4 理智型

理智型女生的主要显著特质如图 4.4 所示。

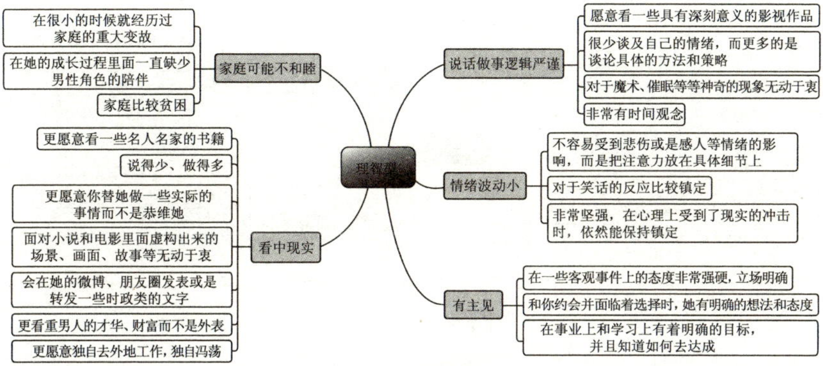

图 4.4 理智型

4.3.5 合理解释型

合理解释型女生的主要显著特质如图 4.5 所示。

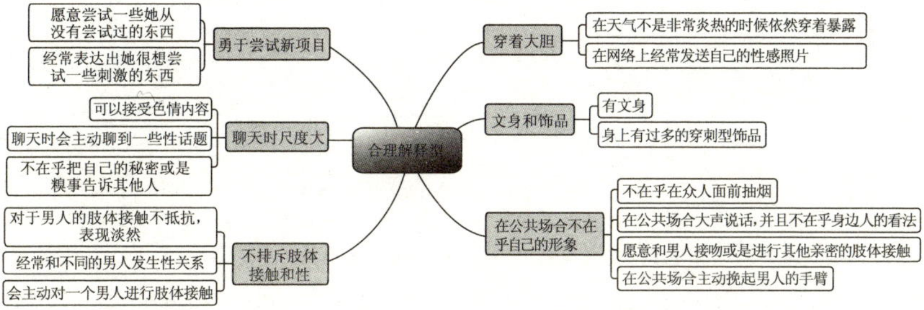

图 4.5 合理解释型

4.3.6 回避型

回避型女生的主要显著特质如图 4.6 所示。

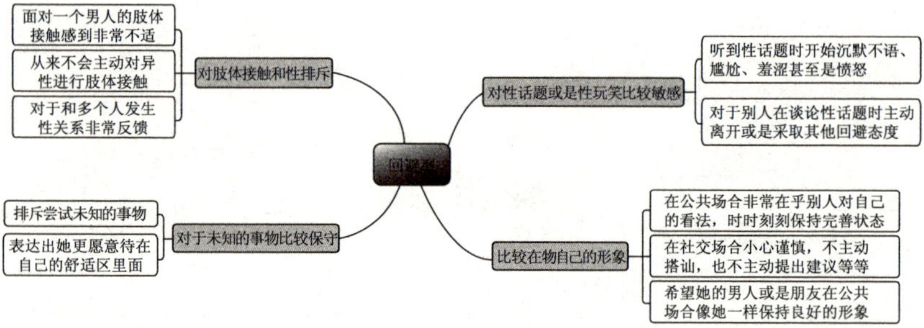

图 4.6 回避型

4.4 辅助判断的方法

4.4.1 Cold reading（冷读）

Cold reading 直译过来称为“冷读”。女人最讨厌查户口式的问题。你多大了？你是哪里人？你叫什么名字？很可惜大部分人依然只会这种表面的聊天模式。如果你会冷读，就不会有这个问题。cold 有着没有准备的意思，reading 有着读心、占心的意思。冷读术就是指在没有防备，甚至第一次见面时看透他人的心思，从而更好地与人交流，经常被心理医生应用于心理治疗。

比如：“你是不是在国外留过学？”这是一句普通的问句。转换成冷读就是：“你一定有在国外留过学。”

再比如：“你觉得自己的性格怎么样？”转换成冷读就是：“如果我没看错，你的人缘一定不错吧。”

这就很明显了。第一个例子，如果是普通对话，对方一定会回答：是的或没有。但是用冷读的方式，对方就可能会有很多种回答，比如：你是怎么知道的？/没有，为什么你会这么说？/那你知道我在哪个国家吗？

第二个例子，如果是普通对话，对方很可能会回答：哦，我也不知道怎么说。/我觉得我性格还行吧。但是用冷读的方式就不一样了：啊！你是怎么知道的！/没有，其实我朋友不多的。

可能你已经发现了一点，那就是冷读必须用陈述句。而且，冷读是一种猜测。既然是猜测就会不准确，但这并不意味着冷读就失败了。冷读并不是让你完全猜准对方的信息，而是通过这种方式让对方敞开心扉，主动地给你更多的信息。当然，你不能胡乱去猜，而是通过对方的衣着、谈吐、话题内容等等一切信息去让你的猜测更加准确。

再举几个例子。

比如：你多大了？——24——没下文了。

换成陈述句就是：

——我没看错的话，你一定 24 岁了吧。

——你怎么知道的？

——好吧，说实话，是别人告诉我的。

——谁告诉你的呀？

——Balabala……

再看：

——你肯定经常去新街口。

——为什么这么说？

——因为在那里经常看到你这一款的女生。

——我是哪一款？

——Balabala……

注意：这里讲到冷读的目的是为了让她将她真实的一面告诉你，以便你能够准确地判断出她的性格类型，而传统意义上的冷读是尽量说一些模糊的话，从而让她觉得你很了解她。换句话说，为了判断出她的类型，我们不用在意冷读的准确性，而为了让她感觉你很了解她，我们需要尽量地保证冷读模糊而准确。

4.4.2 扩展学习：冷读术

“在毫无事前准备的情况下，为第一次见面的人算命”，这是冷读术的广义定义。英语里的“cold”含有“毫无准备”的意思，“read”则含有“算命”“读心”的意思。能够在事前毫无准备的情况下，即席为陌生人算命，从这层意义上来说，正牌的算命师或是通灵者也可称为“读心者”。

然而，狭义上来说，冷读术是指：“利用心理、语言的特殊手法，让对方以为自己能够解读其人生或是心理的骗人话术。”也就是冒牌算命师与假通灵者运用的技巧。冒牌算命师使用的诈骗也分为各种类型，有一种是事先让工作人员去调查咨询者的相关背景，甚至偷偷搜查咨询者的包包，从中窃取资料。这一类“事先调查”的手段，被称为“hot reading”（热读）。

然而，冷读术是完全没有事先准备，当场利用心理、语言上的特殊手法，骗倒对方的话语。

骗子不是“骗人的专家”，而是“赢得他人信赖的专家”！

冒牌算命师或假通灵者这些骗子，都是怎么骗人的呢？依照常理来说，应该没有人会相信才第一次见面的可疑人士所说的话。但是，为什么就有人会轻易相信那些怎么想都很可疑的说辞呢？

这是因为，骗子都是一开始说真话取得你的信任，然后才开始骗你。

如果这个人的说辞一开始就漏洞百出，任谁都会提高警惕。但是，因为骗子一开始说的都是真话，就会慢慢让人觉得这个人说的话可以相信。投资诈骗也一样，即使只是蝇头小利，但初期一定会让你赚钱。你因为确实有获利回收，自然而然就卸下心防，相信对方，掏出更多的钱来继续投资。等到你投入大笔资金以后，对方才狠狠敲你一笔，然后卷款而逃。

总之，骗子的哲学就是：先赢得信任，再开始行骗。越能让对方信任，就能骗得越多。只要能让对方相信自己值得信赖，接下来的诈欺技巧无论多么拙劣，也都能轻易骗倒对方。因此，比起行骗的技巧，高明的骗子其实花更多精力在琢磨“赢得信任的技术”。

仔细想想，无论是跑业务还是接待客户，无论是恋爱还是教育，任何形式的沟通，不都是从赢得对方信任开始的吗？从赢得信任的技术这个观点来看，冒牌算命师或是假通灵者这些骗子使用的冷读术，其实有许多值得我们学习的部分。

在开始技术层面的内容前，先说明实践冷读术时的要素，或许也可以说是一种必须具备的心态。

成为冷读大师的四大要素。

要素一：维持解释而不是猜测的心态。

冷读术初学者最容易犯的错误之一，就是误以为冷读术就是“猜谜”。这种人往往以为赢得对方的信任，就是要读出对方的心事，并向对方炫耀：“怎么样？我很厉害吧！”但在现实状况中，如果以这样的心态进行解读，越是说中对方的心事，反而越会让对方起疑，只会引起反效果而已。冷不防地被素不相识的人猜透自己的心事，任谁都会感到不舒服。因为感到不舒服，所以不但不会坦然地承认读心者的能力，反而会心生反感，“这家伙一定是用了什么诡计。以为我会受骗上当吗！”所以，为了赢得信任，绝对不能展现自以为很厉害的态度。

要素二：让对方说他想说的话。

不管怎么说，人最关心的终究还是自己。比如像在职场上，很多主管就算与部属促膝长谈，到最后也只说了自己想说的事，根本没听到部属的心声。对读心者来说也是一样，因为读心者毕竟也是凡人，很容易不知不觉就忘我地说起自己想说的事。尤其是刚开始试用的初学者，脑袋里想的全是要如何运用学过的技巧，根本没有余力将心思放在对方身上。但是，你想说什么根本就无关紧要，重要的是让对方说他们想说的事。永远不要忘记这才是身为读心者的你所该扮演的角色。

让对方说出他想说的事，对方自然会觉得心情愉悦，也就更愿意提供各式各样的资讯。更重要的是，当对方感受到你是真心愿意倾听他所说的事时，便会感到满足，然后才会有余力开始听你说话。

要素三：说对方想听的话。

要素三是延续要素二而来的。当你让对方畅所欲言时，自然会明白对方真正想要的是什么，对方想要听到你说些什么。例如公司里较资浅的同事来找你商量："前辈，我写了一份企划书，在呈给部长看之前，能不能请你给我一点意见呢？"你爽快地答应，看完后的感想是，如果再加上一些市场调查数据就更完整了。于是，你对这位同事说："写的还不错，如果能补充一些市场调查数据的话，部长的评价应该会更好喔！"

"嗯！但是我觉得这次的企划案，市场调查数据并不是那么重要耶！"结果就会像这样，你好意提出建议，同事的回应却是"但是……"为什么呢？因为你的建议不管有多中肯，此刻根本无关紧要，这并不是这位同事"想听的话"。这位同事真想听的是，"真不赖！你写的真的是很好耶！"所以，身为前辈的你，当较资浅的同事来向你请教时，在正经八百地思索如何才能让部长满意这份企划书之前，先要思考的问题是，这位同事想要听到我说什么呢？因为这位资浅的晚辈，唯有听到他"想听的话”之后，才会有余力听你的建议。

“真不赖！你写的真的很好耶！”

“真的吗？我想了很久呢！实不相瞒，我对这份企划书还蛮有信心的。”

“这倒是。因为的确看得出你的努力啊！”

“嗯，不过，多少还是给我一点建议嘛！”

“建议啊？让我想想……嗯，如果再加上一点市场调查数据的话，部长的评价应该会更高喔！当然，我的意思是，如果你还有时间修改一下的话。”

“下午才要提案，应该还来得及！原来如此，少的是市场调查数据啊！因为部长总是很在乎那些数字对吧。真不愧是前辈！”

就好像老婆或是女朋友问你：“这件衣服好看吗？”我想没有男人会脱口说出心里想的，一定都是先思考她期待听到什么答案后才回答。

冷读术运用自如的秘诀也有异曲同工之妙，就是要养成一个习惯：在说话前永远先思考“对方究竟想要听我说什么呢？”

要素四：将对方视为独一无二的人，对对方的一切都感到惊喜。

听说世界上没有任何两片雪花的结晶一模一样，而且每个结晶的模样，也就出现那么一次而已。这听起来的确非常惊人，但仔细想想，人不也是一样吗？世界上不可能有两个长得一模一样的人。不管再怎么相像的双胞胎，也一定有什么地方不太相同。

如果我们与人相处时，能时时抱持着这种绝对的惊喜，认为这个人是世上独一无二、无可取代的，就算没有刻意表现或说出口，这股意识也会自然而然流露在你的言行举止中，让对方感受得到。然而，越是专精于沟通或是心理学的人，越是容易忘记这件事。最明显的证据就是，轻率地就脱口说出“那个人是自闭症吧！”会这么说，表示一点不怀疑“那个人＝

自闭症”。

这不是在开玩笑，不管是谁，“那个人＝那个人”，除了他之外，什么也不是。如果你说的是“那个人表现出一些自闭症的症状”，也还罢了，但是随口说出“那个人是自闭症”这种话，就证明了你心里根本没有那个人是这世界上独一无二、无可取代的惊喜。日语中有一句话叫作“一期一会”，意思是当下这个瞬间，仅此一次，不会再有第二次。没有彩排，也不能重来。不管成功或是失败，喜悦或是哀伤，每一个瞬间都是仅有一次的珍惜时刻。正因为如此，我们才更要全神贯注在这一瞬间。

在你面前的不管是什么样的人，都是世上独一无二、无可取代的。虽然这世上的人有如雪花一般花，但不管你再怎么寻找，这个人——在你面前的这个人，都是唯一的一个。如果你能对这个事实抱着敬畏之心，不管对方是什么样的人，都能够立刻建立起信任关系。

4.4.3 诱出价值观 EV

诱出价值观（Elicit Value，EV）的重点在于找出女生的核心价值（End Value），去了解她从一个男人身上想要什么。但是要小心，别被耍！她说她喜欢个儿高的男人，或者喜欢有钱的男人，并不是说你要去装个增高假肢或者去抢银行。

你要知道，她并不是喜欢高个子本身，而是喜欢站在高个子男人身边的那种感觉。你需要找到她表层价值观（Means Value）背后的核心价值观，也就是她从心底根本上想要的东西。比如说高个子男人，如果你问她高个子男人给你什么感觉？她很可能会说“觉得被保护、有安全感！”没错！这才是她在根本上想要的东西！她想要被保护的感觉，而不仅仅是一个“高个子”男人。所以现实中，她会拒绝一个高个子男人，如果他不能给她安全感的话。

要意识到她的表层价值和其相对的核心价值对她来说是什么意思（比如诚实、善良、有礼貌等等）。你需要知道她所需求的表层价值，但你应该同时思考其背后所隐藏的核心价值——那才是真正反映她性格类型的元素。表层价值往往并没有你想的那么重要。比如，你应该找到当她和一个“诚实”的人在一起时她体会过的感情，然后是“善良”“尊重她”等其他的潜在的品质。最后，搞清楚她用什么标准去衡量一个人是否诚实、善良或者尊重她。要是她给你 3 个只对她有特殊意义的“关键词”，单从字面意思，你绝不可能知道她想表达的是什么。

个人觉得核心需求比核心价值更准确、更直观。你要知道她想要什么东西，你才能知道她属于什么类型。有一些共通需求大体上对所有女人都很重要，比如安慰、安全感、情感联系，还有因为被性压抑所产生出来的放纵欲望。这些不是你要重点思考的范畴，找出她独特、强烈、与众不同的需求对你判断类型至关重要。每个人都有自己的需要。发现它。

好了，接下来我们讲讲如何使用这个技巧。

规则 1：只要是人，所有人都有他们的渴望。这些东西可能是冒险、自由、被尊重、被宠爱，或者重新变回一个小女孩。它可能是任何事情。只要记住，每个人都有头疼的事情。

规则 2：这可能是老生常谈。找到那个事情是什么。细心一点，你可以从她那里发现线索。聪明一点，问一些能让你发现线索的问题。你要找的是她一直想要但现在却没得到的东西，让她心痒的东西（但不是由于生活条件之类而想要的东西）。

规则 3：讲故事。比如，你想要知道她童年的经历。当然你可以直接问：“你小时候遇到过什么难忘的事情吗？”这时候对方很可能想不起来。你可以这么说：“我还记得我小时候被一个同学骗进了女厕所，当时他告诉我老师在厕所里等我，我居然信了。畏手畏脚地走进去，结果发现只有一个大妈在大便。我竟然傻乎乎地问她说你看到王老师了吗？结果她把我抓到教导处去问话了。唉，我都不想说了。你小时候碰到过类似的事情吗？”在听完你的故事后，她很可能就能够从这些文字中联想到自己童年的故事，并且讲出来与你分享。哪怕只是一个小故事都可能是让她滔滔不绝的金钥匙。这就是通过讲述自己的故事，诱导出对方讲出自己的故事。更重要的是，你往往可以从她的故事中发现一些她真实的核心需求。

4.5 检验你的判断类型能力

这是一套简单的测试题，目的旨在测试你现有的判断类型的能力。每个维度 10 道题。

4.5.1 测试型 / 投资型

（1）你浏览一个女孩的个人微博，发现很多男人留下暧昧的留言。

（2）你的好友告诉你这个女人曾经脚踏多船。

（3）你见过的一个女孩，她似乎只有女性朋友。

（4）你认识一个通情达理的女孩，她曾经说只有过两段长时间的恋爱（大概持续了 1 年的时间）。

（5）她在和你面对面聊天时总是打开手机来回复短信。

（6）你十分喜欢的一个女孩已经有男友了，她经常埋怨自己的男友，但并不想和他分手。

（7）她不愿意单独去电脑城修理她的电脑，无论如何她都需要拉上一个朋友。

（8）你问她多大了。她不回答，并且让你先告诉她。

（9）当你发送一条信息给一个女生之后，她第二天才回复你。

（10）你看到她和每个人都很聊得来。

答案：（1）测试型 （2）测试型 （3）投资型 （4）投资型 （5）投资型 （6）测试型 （7）测试型 （8）测试型 （9）测试型 （10）测试型

4.5.2　感觉型 / 理智型

（1）她每天都去学校的图书馆看书。

（2）她很难独自完成任务，总需要别人的帮助。

（3）她的微博上基本上都是餐厅与食物的照片。

（4）她很喜欢看韩剧。

（5）她去到很远的外地工作，只为了给自己一个更大的发展空间。

（6）她更喜欢谈论一些国际新闻，而不是八卦新闻。

（7）她天天念叨着想结婚。

（8）在你们面临着接下来应该去干什么的时候，她主动提出了一个不错的方案。

（9）当她听到你们正在谈论一个精彩的商业计划时，她显得很兴奋。

（10）她每次来到你家都会帮你打扫房间。

答案：（1）理智型 （2）感觉型 （3）感觉型 （4）感觉型 （5）理智型 （6）理智型 （7）感觉型 （8）理智型 （9）理智型 （10）理智型

4.5.3　合理解释型 / 回避型

（1）这个女孩是你的一个普通朋友，你们聊天时经常会涉及性话题。

（2）你喜欢的一个女孩从不穿着性感的衣服或者打扮自己来吸引男

生的注意。

（3）她非常容易相信别人。

（4）她做事情小心谨慎，并且从来不做自己没有把握的事情。

（5）一个网络上的女生在微信上给你发送了三张她只穿着内衣的性感照片。

（6）你看她心情不好，于是问她原因，但她无论如何都不告诉你。

（7）她在步行街上的喷泉旁坐着抽烟。

（8）当你从后面拍她肩膀的时候她的身体颤抖了一下，并且惊恐地回头。

（9）她是你的一个普通朋友，你们两人逛街的时候她主动牵起你的手。

（10）作为恋人关系，她不愿意在大街上和你手牵手散步。

答案：（1）合理解释型（2）回避型（3）合理解释型（4）回避型（5）合理解释型（6）回避型（7）合理解释型（8）回避型（9）合理解释型（10）回避型

4.6 测试题法

对于有过较多恋爱经验的人来说，判断类型或许不是什么难题。但是对于那些对两性关系不熟悉的新人来说，或许这是他们最大的一个困扰。为了解决这个问题，我们选择了两套非常实用的测试题，在你无法依靠经验和直觉来判断一个女人的类型时，也可以借助于它们。

注意：由于受测者容易受到主观或客观因素的干扰，所以有时候测试结果未必准确。比如，当你问她更想去一所师资力量雄厚的大学还是一所离家较近的大学时，受测者很可能会带入过去选择大学的经验从而做出选择；也许她现在正在一所好的大学，但是却因为某些事情饱受折磨，从而选择了后者。

4.6.1 经 Pandora's Box 改编

本测试更适用于面对面互动时使用，这不仅能够帮助你测试她的类型特征，同时还可以为你们的互动增添一丝乐趣。如有需要，请将测试出来的结果（性格特征）告诉她。

你需要问她三个问题：

1. 假如你是一家大公司的董事长，公司需要一个新的 CEO，而且必须在短期之内上任。目前你有两种方式可以选择。第一种是招聘尽可能多的人并且让他们同时试岗，然后在一段时间后选择那个表现最好的人出任 CEO。第二种是你从面试者里选一个你认为最有潜力的人让他直接出任，并且在接下来很长的一段时间里面你亲自来培养他。你会选择哪种方式?

解析：如果她选择了第一种，那么她比较有可能是测试型。如果她选择了第二种，那么她比较有可能是投资型。

2. 假设你现在高中毕业，排除掉一切客观因素，有两所大学可以任你选择，一所离家很近，但师资力量平平，你去这所大学的好处是可以拥有家人和朋友的陪伴。另外一所离家很远，但师资力量雄厚，你去这所大学的好处是可以拥有一个好的学历，这样也许会对你今后的事业有所帮助。你会选择哪所大学?

解析：如果她选择了第一所大学，那么她比较有可能是感觉型。如果她选择了第二所大学，那么她比较有可能是理智型。

3. 在一个有熟人的聚会上，有一个陌生男子来搭讪你，并且邀请你与他去舞池中央共同跳一支舞。这时候你有两种回应方式可以选择。第一种是果断接受，因为你觉得这是你有魅力的体现。第二种是找一个恰当的理由拒绝，因为你觉得有熟人在场，这样会显得你太随便。

解析：如果她选择第一种回应方式，那么她比较有可能是合理解释型。如果她选择第二种回应方式，那么她比较有可能是回避型。

4.6.2 经 MBTI 改编

MBTI，即迈尔斯－布里格斯类型指标。本测试共 12 道题。每条维度 4 道题。如果在某一个维度中，她的选择明显倾向于某一种特质，那么就基本可以断定她属于与那种特质相对应的类型。你可以选择在网络互动时选择此测试，如有需要，也将测试出来的结果（性格特征）告诉她。

请注意，这套简单的测试题仅仅适用于你无法依靠观察法来判断一个女生的类型的情况。女生对待测试题的态度和当下的环境都可能影响她的选择。假如对方只是随意作答，那么这 12 道测试题与她的真实类型有可能出现偏差。

假如她的选择让你模棱两可，那么，请立刻放弃通过此测试来判断她的类型，改用观察法来判断她的类型。

4.6.2.1 测试型 / 投资型

（1）当和某人分手时（ ）？

A. 你通常让自己的情绪深陷其中，很难抽身出来

投资型

B. 虽然你觉得受伤，但一旦下定决心，你会直截了当地将过去恋人的影子甩开

测试型

（2）你是一个（ ）？

A. 兴趣广泛，什么都想尝试的人

测试型

B. 专注地投入某个兴趣的人

投资型

（3）和一群人在一起聚会通常会让你感到（　）？

A. 兴致勃勃

测试型

B. 筋疲力尽

投资型

（4）在社交场合，你通常觉得（　）？

A. 很难和不认识的人进行交谈

投资型

B. 很容易和多数人谈笑风生

测试型

4.6.2.2 感觉型 / 理智型

（1）当你放假时，你多数会（　）？

A. 随遇而安，做当时想做的事情

感觉型

B. 为想做的事情定出时间表

理智型

（2）你更多时候是（　）？

A. 让情感驾驭理智

感觉型

B. 让理智驾驭情感

理智型

（3）认识你的人倾向形容你为（　）？

A. 逻辑和明确

理智型

B. 热情和敏感

感觉型

（4）当与一个人交往时，你倾向于看重（　）？

A. 智慧上的相容性：沟通重要的想法；客观地讨论和辩论事情

理智型

B. 情感上的相容性：表达爱意和对另一半的需求很敏感

感觉型

4.6.2.3 合理解释型 / 回避型

（1）多数人说你是一个（　）？

A. 不爱吐露心事的人

回避型

B. 非常坦率的人

合理解释型

（2）通常别人认为你做事情是（　）？

A. 高调，不会在乎众人的眼光

合理解释型

B. 低调，独自一人默默完成

回避型

（3）在聚会时，你（　）？

A. 说的时候多

合理解释型

B. 听的时候多

回避型

（4）一个人从后面拍你的肩膀，你通常（　）？

A. 吓一大跳

回避型

B. 镇定地回头

合理解释型

4.7　为何一个女人的行为会反差很大，难以判断？

4.7.1　每个人都会主动或是被动地做出与自己性格不符的行为

了解一个人性格中的动机对你学习本方法的意义非同一般。有时候你会觉得“他怎么能做出那样的事情？”确实，每个人都做出过与他的性格不相符的事情。但这背后隐藏的是我们每个人的动机，而我们内在最真实的部分也就是动机，是无法改变的。

作家王小波对此描述是：“一个人的快乐或悲伤，只要不是装出来的，就必有其道理。你可以去分享他的快乐，同情他的悲伤，却不可以命令他怎样怎样他，因为这是违背人类的天性的。……众总所周知，人可以令驴和马交配，这是违背这两种动物的天性的，结果生出骡子来，但骡子没有生殖力，这说明违背天性的事不能长久。”

有一个感觉型的女人，因为家庭的关系，得以进入一所国内一流大学。在这所大学里面大部分学生都非常用功念书，也会拼尽全力去争取各种各样的荣誉，而她并不喜欢念书，特别是在这样一个充满了竞争的环境中。

起初，她也受到过周围同学的影响，立志拿出优异的成绩来证明自己。她开始每天去图书馆和自习室，也学着其他同学的样子阅读一些课外资料。但这不是她的兴趣所在，也没有足够的动力支撑她继续向前。与其他一些家境不好而需要依靠自己的能力换取一个稳定的未来的女生不一样，她从小衣食无忧，对于赚钱并没有迫切的需求。所以，在坚持了一段时间后她还是放弃了，最终选择了退学而转入了一所国外的学校。如果有人看到了她用功念书的这个行为，也许会将她判定为理智型。但这不是她的天性，只是由于现实压力致使她做出了这个行为。当然，只要是违背天性的事情便不会长久。所以，她还是退学了。由这个例子我们需要警醒的是：有时候我们看到的现象只是表象，真正能够判断一个人类型的因素是他的动机。这就是为什么我们反复强调不能依靠单一的元素来判定一个女人的类型的原因。如果按照这个例子，我们想要找出这个女生的真正类型就应该更深地去了解她，在和她聊天的过程中，她也许就会告诉你为什么她如此地努力学习，而她真正的想法又是什么。

另外一个有趣的例子是我的大学同学。在大学时代就有非常多的男生追求过她。她也是一个彻彻底底的测试型 + 理智型女人，她会和不同的男人打交道。在毕业后很久的一天我和她聊天，我发现她已经不像是一个测试型的女人了，她对待男人变得很谨慎，甚至有一些小女孩的感觉，完全失去了从前的气场。后来她告诉我，这只是她伪装出来的，因为毕业后她进入了公安系统，随着年纪的增长和工作的需要，她已经不能像之前那样无忧无虑地和男人相处了，不然就会影响到她的职业生涯。虽然她还是在用测试型的方式去筛选男人，但现在的筛选面积和筛选程度都大大缩水了。有时候她甚至不得不装成一个单纯的小女生。因为只有这样，才能在明争暗斗的工作环境里面换得一个生存的机会，她说：“在公安系统里面乱搞男女关系，哪怕只是暧昧，都是很危险的事情。”很明显，她的伪装是有效的，就连我也跟着上当受骗了。很多男人会被这样的面具所蒙骗，而认为她是一个投资型女人。所以，我们还需要从其他的各项元素去综合判断她的类型。

同样地，合理解释型的女人也可以保守起来。我遇到过一个很经典的案例。这个女人在 22 岁那一年有过被性侵犯的经历，具体程度虽然不得而知，但这件事情确实深深地影响到了她的两性关系。她是一个有着很多奇怪想法的女人，同时也喜欢男人的触碰。综合而言，她怎么看都是一个合理解释型的女人。但唯独有一点她接受不了，那就是性关系。在咨询的过程中她告诉我，即使她和她男朋友在一起的时候也非常惧怕发生性关系。这和她合理解释型的特质大相径庭。后来当我追问她过去的创伤时，才得知答案。原来是那次性侵犯对她造成了非常巨大的伤害，从此，只要是和性爱有联系的事物她都会不由自主地抵抗。即使她也尝试着勇敢地和男友发生性关系，但她依然非常紧张，甚至会全身颤抖。从这一点上来看，她确实属于回避型。但除此之外，她其他方面都符合一个合理解释型女人的特征。如果要百分之百地准确判断一个人，这就要求判断者能够找出每个人的内在动机，看透人的天性。当然，实际情况并不会像这个案例一样复杂，这种情况只是极少数的。

所以，你必须明白一件事情，那就是什么是人的天性、什么是人的个性。如果当你给女人做测试题的时候，你发现她的选择和你对她的了解完全不同，那只有两种可能性。第一是她刻意在寻求“最好”的答案，以便于她能够维持某种她希望呈现出来的形象。第二就是她在后天受到过巨大的影响和训练，以至于她根本没分清哪个是她的性格，哪个是她的个性。

即便如此，为了让你在实践中更容易对号入座，在你开始探索她的性格之前，你可以选择先按照直觉暂时给她的三条维度设定一个类型。如果实在无法确定，那么就只确定一条或者两条维度，然后在和她的相处中慢慢地修正你的结论。

4.7.2 行为是可以训练的

就拿销售行业来说，一个测试型的女人更适合做与销售相关的工作，因为她们天生就喜欢与人打交道。但在现实中我们也可以看到一些投资型的女人在销售的过程中取得过优异的成绩。因为这和说话一样是一门技能，只要是技能，那么人们就可以学会它。或许测试型的女人在学习社交技能的时候会更得心应手，但这不代表投资型的女人就永远无法成为社交高手。只要通过长时间的训练和打磨，她们照样可以成为优秀的销售人员。但这只是工作需要，一个投资型的女销售员在经历了一天的忙碌之后回到家里，一定会回归自己的空间，即使在接下来的几周内都形单影只，也可以让她感到非常舒适惬意。这就是为什么人们总说选择一份自己喜爱的工作是如此重要的原因了。反之，测试型则是——难得安静，假装沉心静气一番并无大碍，但超过一周时间，她们势必闷得发慌，想要找些人或是找些乐子。当测试型心情不好时，她们也可以用安静来打发，但不同于投资型那种用安静来消化安静，用思考来咀嚼思考的心态。投资型是享受安静的，而测试型的本质则是需要与更多的人接触。

大家都知道，变色龙的变色能力早就达到了以假乱真的化境，但无论它怎么改变颜色，唯一的软肋是——不管怎么变，它身体的形状都是不会变的。这与“动机”和“行为”的奥妙同出一律。一个粗心的人可以经由训练变得仔细，一个腼腆的人可以经由训练变得主动，一个拖拉的人可以经由训练变得迅速，一个暴躁的人可以经由训练变得沉静。我们可以训练出很多非性格特征的“行为”，但我们永远也无法改变我们自身的核心“动机”。

4.8　判断不准怎么办

在本书中，女性一共拥有八种性格，如果你发现在同一性格类型中，有些方面符合她的情况，而有些方面不符合；或者，在多个性格类型中，都存在着和她情况符合的方面。应该如何呢?

这个问题所反映的现象是非常正常的。人性是复杂而又矛盾的，最主要的特点是“兼具性”。也就是，同时拥有不同性格类型的多方面特征。本书的性格分析，它的目的是力图解决——她的性格最主要的特征是什么，最主要的倾向是什么等问题。然后，根据她性格的主要方面和基本特质，来提出相对应的有价值的建议。

在后面的章节中你会发现一个重点：每两种类型之间，都存在着很多相似的地方。比如“邻家女孩”和“灰姑娘”，她们都是投资型 + 感觉型的组合。因此，她们都拥有“向往长期关系”“喜欢浪漫”“小女生气质”以及“待人真诚”等一系列特质。

再比如“花蝴蝶”和“勾引家”，这又是两种极其类似的性格。她们都是测试型 + 合理解释型的组合。因此，你会看到她们身边的男人都非常多，都会去主动认识异性，并且她们都不排斥性关系。不同点是，感觉型的“花蝴蝶”是为了好玩而接近男人，理智型的“勾引家”是为了现实的目的而接近男人。由此我们可以看出，虽然表面上她们的行为是一样的，但真正的动机却大不相同。

还有“鉴赏家”和“现代女人”，她们都是投资型 + 理智型的组合。

因此，她们都需要她们的男人足够强大，并且她们都有着不错的品味。也许在周末的时候“现代女人”很愿意和闺蜜一起去酒吧享受被男人搭讪的感觉，但“鉴赏家”大概更愿意去参加一些沙龙或者是读书会之类的活动。这就是她们性格中合理解释型与回避型之间的差异所造成的。

有趣的是，我们可以发现，“邻家女孩”和“鉴赏家”之间又存在着千丝万缕的联系。她们都是投资型＋回避型的组合，因此，她们都不会随便和男人交往并且发生性关系，她们在长期关系中对伴侣的要求又同样繁杂，并且她们都希望自己是整段关系的中心。

“现代女人”和“勾引家”可以划作一类。“勾引家”和“女教父”又可以划作一类。“冰美人”和“邻家女孩”是一类。“花蝴蝶”和“冰美人”又是一类。

也许你已经知道我想要说什么了。是的，当你有一条维度无法确定的时候，请不要慌张，只要确认了另外两条维度之后，她就只有可能是两种类型其中的一种。因为这两种类型身上都有着很多共通处和相似点，所以针对她们的互动策略和建议也是相似的。只要你按着这个大方向走下去，即使一条维度无法判断也无伤大雅。

第五章

八类女性的独有特质

在前面的章节里，我们为大家介绍了由女人在两性关系里面的三条维度演化出来的六种类型。将每条维度中的一个性格类型组合起来。我们就可以得 2X2X2=8 种最终性格类型。这八种性格类型的每一种都有着她们独特的特点，而我们正需要针对这些特点，来设计交往策略，对症下药。

下面，就让我们进入高潮部分。

5.1 冰美人（测试型＋感觉型＋回避型）

相似类型：邻家女孩 / 女教父 / 花蝴蝶

5.1.1 外表冷漠（冷静）

她给人的第一印象可能是有些冷淡甚至高傲。冰美人像是冰山一样，在她的表面下，掩藏着无数值得你去发掘的东西。她看起来有点冷漠，这仅仅限于第一印象，其实冰美人和邻家女孩的内在特别像，但因为冰美人是测试型＋回避型的组合，这就为她加上了一层防护罩。这层防护罩会使她惯性地对主动接近她的男人持冷漠态度。其实她们的内心是善良而单纯，并且喜欢乐趣的。最典型的例子就是《那些年，我们一起追的女孩》中的女主角沈佳宜。在影片的开始，我们可以看到整个班上的男生都喜欢她，也试着用各种方法来讨好她、打动她。但她都不为所动，甚至都不愿意正眼看那些男生一眼。这样冷漠的态度会吓跑许多对自己没有信心，也没有耐力的男人。但是当男主角柯景腾和她谈恋爱之后，我们可以看到，在她身上呈现出的嫣然是一个小女孩的特质。原来她不是一直冰冷的，她也会装可爱和撒娇。

冰美人这层防护罩的形成是有原因的，本质上她和邻家女孩特别像，都是会依赖男人的一种类型。所以，当对她心仪的男人出现并且搭讪她的时候，往往第一反应是保护自己而迫使自己不那么快地相信这个男人。这就是冰美人这个名称的由来。如果你打破了她的防护罩，她会是一个甜美、温柔、性感而且让人兴奋的女人。所以，她必须在挑选男人的时候谨慎一点，要不然她会把自己当成礼物送错人。作为一个男人，你不能给她太多压力，让她自己顺其自然地喜欢上你，比你死缠烂打效果要好很多。当然，并不是每一个冰美人都不愿意说话的。这基于具体的环境、关系等因素。比如，在一个开发者大会上，你问她一个关于开发的问题，她虽然不会很热情，但一定会和你聊下去。又或者你们正在一个聚会上，你和她都拥有共同的朋友，那么你这时走过去找她聊几句也是没有问题的。但如果在一个酒吧的邻座你看到了她，然而她对你并不感兴趣，那么你遇到冷眼相对的概率就很大了。

5.1.2　被动社交者

这是测试型 + 回避型会呈现出来的特点。在我们的调查过程中，我们发现有很多冰美人在两性关系上都是极其被动的。她们从来不愿意去主动认识一个男人，即使她对这个男人有意思。这和她们的成长进程有着很大的关系：当一个冰美人学会了化妆打扮、购买漂亮的衣服之后，她立刻就变成了一个美女，而男人这种视觉动物特别吃这一套。于是，大量的男人开始接近她、追求她。面对突如其来的，而且在她们的概念里无来由的这些爱慕给了她们巨大的心理压力，她们既不想把和谁的关系搞砸，也不可能答应每一个上门的追求者。于是她们开始逃避，或者是假装没看到信息，或者是拒绝接听电话，等等。这个过程有可能发生在青少年时期，也有可能发生在成年之际。在她们形成了冰美人的这种性格之后，她们越来越适应被动社交，因为在她们懂得两性关系的开始，她们身边就已经围绕着各种各样的追求者，而长期的逃避政策又加深了她们在社交上的被动性。所以，如果你面对的是一个冰美人，那么可别幻想着她会主动来接近你。

5.1.3 通常长得漂亮

在研究的初期，我们试图挖掘一个真相——为什么美女总是冷漠甚至是冷傲的。当我们深入研究之后，发现其实只有两种类型的女人会呈现出这一现象，那就是冰美人和女教父，她们都是测试型 + 回避型的组合。如果是一个漂亮的女教父，那么她的气场一定足够让身边的每个人都注意到她。她冷漠的原因是因为她太强大了，甚至有时候连男人都望尘莫及，如果这些人对她都没有利用的价值，那么她是不会屑于和他们交朋友的。冰美人不一样，往往是因为她长得漂亮，而又缺乏社交能力，才使她看起来冷漠并且难以接近。事实上也是，女教父是真的难以接近，而冰美人只是戴着一块冰块做的面具，在揭下了她的面具之后，你会发现她其实是一个很好相处的女人。冰美人不会轻易地展示出自己的情绪，作为回避型的她们对自己的私人生活十分地保密。典型的这类女生打扮得很时髦，而且注意着四周的动向，但只是在安静的时候。她不害羞，但是比起花蝴蝶来说，她更像一个观察者。

5.1.4 玩心重

和花蝴蝶一样，冰美人是很爱玩的一类女人。这不光体现在与各种各样的男人约会。她们不愿意坐在图书馆里看一整个下午的《乔布斯传》，她们需要现实一点的活动，比如去游乐场或是郊游，等等。这就给男人提供了一个信号，你在冰美人面前可不能是一个书呆子。她们喜欢和她们一样爱玩的男人，并且确实会对这一类男人产生好感。她们希望自己的生活是轻松惬意的。她们不追求强大的物质基础，但是她们享受玩乐的过程与氛围。其实我们在酒吧里面经常能够看到这一类型的女孩，她们是属于酒吧里面安静的那一类型，远远地看去就像是一个新人，但很快你就会发现她们其实天天都来。有一个通俗的词汇能够很好地形容她们——闷骚。

5.1.5 对感情游离不定

冰美人的真命天子是很梦幻，要求很高的，这也就是为什么她无法只和一个男人在一起。她虽然属于被动社交，但这并不意味着她能够像投资型女人那样坚守爱情。当另外一个优秀的男人出现在她的生活当中时，她也可能会移情别恋。因为从一开始她们就习惯了从各种各样不同的男人当中选择自己认可的那一个。这类型女人对于那些不会去讨好她的男人更有兴趣。因为其他的男人都在追逐她——只是她的选择之一，而当一个男人让她确定她只是这个男人的选项之一后，冰美人便很容易对他产生好感。这是测试型的通性，同时也解释了为什么一味地对女人好并不一定能够追求到她。

冰美人和花花公子很相似。一个花花公子会有好几个选项的女人，而且他从不同的女人那儿得到不同的东西。同时，一个冰美人也会让不同的男人来填满不同的角色。但是，这些男人只分为两类：爱人和供应商。这就像是男人都追求女人和权力是一个意思。冰美人通过不同男人来达到这个目标，而投资型的女人通过抓住一个精心挑选的男人来达到这个目标。

如果你是她备胎中的一个，她对你就会像对待她备胎中的一个一样：操控和支配你，偶尔故意暴露出自己柔弱的一面，从而得到你的同情。她很容易沦陷在一个能够快速和她发生性关系的男人身上。因为回避型的女人会把不经意的性关系合理化为她喜欢这个男人。女玩家适合的男人，是那种跟她自己一样爱玩，并且只乐于玩耍过程的人。当然，在此之后她会变得非常非常专一。

5.1.6 以自我为中心，不够坚持

因为冰美人身边总是围绕着其他男人，所以她通常会把焦点放在自己身上。她们不是女强人，她们可能缺乏为社会做出重大贡献所需要的深度。但她们通常都会有一个轻松愉快的人生。其实只要冰美人对你没有防备心理或是不讨厌你，她们也会很友善。

通常冰美人对很多事情都不够坚持，包括一段感情。她可能会想要减肥，事实上她也去做了，可是一年之后你会发现她和一年前基本没什么变化。她们缺乏忍耐力。当她对一段感情或是一个男人感到失望的时候，她通常也会选择主动退出。她或许已经有了一个新男友，或许没有，但都不会妨碍她做出这个决定。因为她们拥有逃避的心态，所以痛苦地自我反省往往是她们最不愿意做的事情。这也印证了她们无法专注于一件严肃的事情。

5.1.7 把性当作她的筹码

所有的女人都有两个性目标。第一个目标是怀上具有优秀基因的男人的孩子，这是她最好的基因选择。第二个目标更像是无意识的、原始的冲动，一种就像男人会被性感女人吸引的本能——去和具有高社会地位、掌握宝贵资源的男人在一起。

作为回避型的女人，她把性看得非常重要。因此，对于冰美人，她们有一个情绪界限，来防止男人太快且太容易地直达她的内心。她不想让自己太快沦陷并且交出性权利。作为一个测试型的女人，她会一直给你一些考验，来变慢你们性关系的脚步，这样她才能继续掌握权力。例如，故意不接你的电话，放你鸽子或是数落你等等，以让你很难轻易地就得到她。很多男人确实踩到过这样的陷阱，并且浑然不知，直到失去他作为男人应

有的平等权利。但在性关系之后，你会发现，她其实为人很热情，是个很不错的恋人。感觉型的特性使得她很具有女人味，回避型的特性却让她不会随意和其他男人发生性关系。

5.2 花蝴蝶（测试型＋感觉型＋合理解释型）

相似类型：灰姑娘 / 冰美人 / 勾引家

5.2.1 追求快乐，派对女孩

她们是典型的“派对女孩”。花蝴蝶最主要的动机就是快乐，快乐之于她们就像是人类离不开空气一样。是的，当她们抑郁的时候会感到窒息。她们希望每时每刻都是快乐开心的，并且也能够使周围的人快乐。她们用行为正确定义了快乐：为了快乐而与某人开心地相处或是轻松地处理某件事情。它与结果无关，与进步无关，与任何深刻的含义无关。快乐就是享受当下。花蝴蝶热爱生活，并且热爱生活中的一切，包括谈一段恋爱。她们活泼、有活力，并且天生就具备开心的能力。她们独特的心态使她们总是看到事物的优点，而忽略其缺点。真诚地希望她们是幸运儿。

5.2.2 乐观

与花蝴蝶开始一段感情是令人兴奋的。因为你和她在一起时总是那么的快乐。一切对其他人具有严肃意义的事情都不能够给她压力。而且，她们还能用她们天生的高能量来帮助你摆脱压力。比如，你因为今天被老板开除而闷闷不乐。她们的反应很可能会是：“走吧，换一份工作呗，你这么棒，一定行的。好了，现在我们去看电影吧。”她们是乐观的半满主义者，当别人惊呼“糟糕，只有半杯水了”的时候，她们会说“慌什么，这不是还有半杯水吗！”感觉型的一面让她们认为不管事情有多绝望，总能够找到办法。虽然她们无法自己去解决这件事情，但她们就是相信这点。这是很神奇的一个天赋，她们对生活有着伟大的信念，不管她们在哪里坠落，都能够让自己平安着陆。用一个形象的比喻就是：花蝴蝶是金刚狼。她并不是不会受到伤害，只是她有着超强的愈合能力。

5.2.3 有魅力，受欢迎

花蝴蝶和任何人交往起来都很轻松。她们可以与新认识的女生在 3 分钟内成为闺蜜，也可以和昨天认识的男人成为蓝颜知己；她们可以和邻居家的小孩交朋友，也可以和楼下便利店里的收银员老头儿聊八卦。她们用花蝴蝶独占的天赋吸引并感染周围的人。她们往往很注意外表，所以大家都喜欢她们。从某个角度来说，她们是所有类型当中最具影响力的一类女人。她们喜欢被别人逗乐，更喜欢逗乐别人。因为花蝴蝶渴望自由，所以她们不会去控制别人。她们对生活没有太高的期望值，并且在她们贡献她们的能量时不会要求回报。也正是这样的想法使得每一个男人都会喜欢她。

5.2.4 喜欢主动

通常我们把女人追求男人叫作“反追”或是“倒追”。从这两个词我们就可以看出当代社会女追男实属特殊情况。花蝴蝶和勾引家通常是可以主动去追求一个男人的两种类型。测试型的性格让她们享受与人社交的乐趣，而合理解释型的特质使她们不会在乎社会的主流价值观以及周围人的议论。花蝴蝶恐怕是八种类型当中最容易主动去追求男人的一类女人了。

这是由她们感觉型的一面决定的。感觉型的女人喜欢随性一些的生活，她们不喜欢按照日程表上的任务来生活，也不喜欢去做自己不愿意做的事情。相反，如果她们想做一件事情，她们就会去做。就像是她们喜欢上了一个男人一样，理智型的勾引家也许会介意女人主动追求男人而处于被动地位，故而选择假装矜持。但感觉型的花蝴蝶并不会考虑那么多，她们会凭着自己的直觉去追求她们喜欢的男人。

5.2.5　喜欢那些得不到的男人

花蝴蝶会合理化地认为一个得不到的男人会比他表现出来的有趣得多。我们无法控制这个非理性的行为模式。这是由测试型的一面决定的。通常测试型的女人身边都会围绕着各种各样的男人。有的时候一个花蝴蝶接近一个男人也许只是觉得好玩，享受有这个男人在的氛围，但并不会因此而喜欢上他。很多男人会误以为花蝴蝶接近他们是因为好感和喜欢。于是，这些男人开始动心、沦陷，开始追求花蝴蝶，而花蝴蝶并不会对这些主动追求的男人一见钟情，是因为这一类男人在她们身边实在太多了。或许一个男人确实非常优秀，但如果他在一开始就非常主动地追求花蝴蝶，他就会直接被列入备胎行列。这样他的形象就已经在花蝴蝶的认知中定性了，而掩盖了他优秀的一面。

对于花蝴蝶拥有致命吸引力的男人是那些不怎么在乎她的男人。因为这种男人和她的其他备胎都不一样，他不会像他们一样用礼物讨好她，也不会用手机对着她发无聊的关怀短信。所以，这种男人在她眼中是特别的。作为一个感觉型的女人，她会幻想这个特别的男人在各方面都是优秀的。这就像是男人看到一个美女时会幻想她的各个方面都是优秀的一样。

如何成为一个她去追逐而且几乎无法追逐到的男人？在下一部分会告诉你如何做。

5.2.6 注意力不集中

她们是典型的“派对女孩”。她们很漂亮，很有活力，和每个人都聊天，包括你，然后你就会想要和她更深入地交流。可她的行为就像她的名字一样——蝴蝶，美丽，迷人，而且难以抓住。

在前面的章节里，我们已经讲到了测试型的女人都有这个毛病。但在这四种类型中，花蝴蝶当属注意力最不集中的一类。她们特别容易被新奇的事物吸引注意力，她们也无法定下心来做一件需要耐心才可以完成的事情。她们通常会因为刷网页而忘记了今晚要和她的导师打电话，也会因为一个闺蜜的电话而忘记了20分钟后她还有个约会。这一类例子不胜枚举。所以，作为一个男人，接近一个花蝴蝶并不是一件很难的事情，只要你过得去，你可以很容易地从她们那里获得注意力。难题是如何保持住她对你的注意力。

即使是在性关系上面，她同样升温很快，冷却得也很快。她的注意力只能维持很短的时间。

5.2.7 无逻辑，不能坚持

花蝴蝶喜欢变化，而且是千变万化。她们对于改变的目的和结果并不重视，而是享受“随性”的生活。她们的生活状态在外人看起来总是有些混乱，这取决于她们特殊的思考方式，与她们更看重的东西——快乐有关。为了结束她们的混乱状态，她们就需要压力和自我约束，而这些总是会让她们陷入沮丧与不适。所以，为了追求快乐，她们大多数情况下宁愿维持混乱的生活状态。这也就解释了为什么花蝴蝶很容易受到有魅力的男人的引诱，并且飞入他们的怀抱。

5.2.8　健谈

花蝴蝶通常都是话匣子，因为她们总能够找到有趣的话题（至少她们认为是有趣的）。这种谈话技巧对她们在约会的时候很有帮助，很容易使男人对她产生好感。她们可以与任何人谈论任何事情，她们对别人和生活的一切有一种天然的好奇心。所以，只要不对她有什么企图，任何一个男人都可以和她相处得不错。她们一般不去想很严肃的事情。当她们一个人的时候，她们会开始挨个打电话找人聊天，她们几乎不能忍受独处的时刻。关键是作为男人我们应该如何利用她的这个弱点。

5.2.9　热情，无忧无虑

花蝴蝶一直都在寻找令人开心愉悦的事情，她们总能发现生活中灿烂的一面，她们很少陷入细节问题或是感情包袱。如果当一个男人试图控制一个花蝴蝶时，她会变得非常敏感，这触碰到了她的禁区，所以她们通常会给你点坏脸色看看。花蝴蝶强烈地渴望自由，当她们遇到问题时能够本能地摆脱它。花蝴蝶非常热情，她们愿意与每一个人分享她们的喜悦。她们善于参加派对或其他形式的社交活动。如果要用一句话来评价花蝴蝶，那么就是——她们就是派对。

5.2.10　喜欢刺激

基本上所有的合理解释型女人都喜欢刺激的事物，而合理解释型 + 测试型的组合使得花蝴蝶和勾引家可以更多地尝试新鲜刺激的东西。试想一下，一个宅女天天对着电脑和电饭煲是不会拥有太多出门的理由的，而测试型这一类社交型女人总是有着各种各样的社交活动。无论是闺蜜的邀请还是其他男人的邀请，她们都会拥有更多的尝试新鲜事物的机会。在尝试了越来越多刺激的东西之后，她们就会奔向更加刺激的领域。

她喜欢一种即兴的、有趣的、没有压力的互动，比如，有幽默感的男人，态度轻松自如的男人。但是当她感觉到这个男人只是想征服她，而且在这个男人的态度里感到了性需要，她就会飞走。由于性格活泼，并且可以同时和多个男人暧昧，外加她有情趣，所以，往往也有各种男人甘之若饴，很快就会喜欢上她，并且前赴后继地想独占她。

5.2.11 越年轻，特质越明显

在我们的调查中，我们经常可以一眼就分辨出花蝴蝶这种类型的女人。她们身上都有着明显的特征，而在这些特征的表面，我们看到她们通常年龄都不是很大。虽然也会有一些年长的花蝴蝶，但她们的经历、环境等客观因素会使她们有所收敛，但她们还是保持着花蝴蝶的特征，或许不会那么明显以至于让你一眼就看出来。年轻的花蝴蝶因为没有太多现实的压力，所以容易按着她们的性子来。举个例子，一个年长的花蝴蝶和一个年轻的花蝴蝶都喜欢上了同一个男人，年长的那位是一个外企高管，年轻的那位是一名大学生。然后我们就可以看到年长的那位或许会主动上去搭讪他，但并不会主动地和他勾肩搭背，因为她的社会角色限制了她的行为；年轻的那位大学生并没有这些压力，所以不仅会上去和他搭讪，还会主动地和这个男人发生一些肢体接触。

5.2.12 穿着性感，肢体开放度高

就像是所有合理解释型的女人一样，花蝴蝶并不在乎将自己的肌肤暴露在空气中。一个勾引家穿着性感也许是因为她希望获得某些男人的青睐，而花蝴蝶穿着性感通常只是为了自己的舒适和审美需要。换句话说，她们

会经常穿得花枝招展，但并不会带着强烈的目的性。所以，作为男人，请正确地看待她们这种行为。

在之前的内容里面我们已经解释了花蝴蝶肢体开放度高的原因。但是请注意，很多男人会因为她们的主动就误以为她们是带着好感来的。事实上，她们也许对待每个人都是这样。因为在她们的认知里面，这些属于正常社交的一部分。事实上，很多花蝴蝶都因为这样无意的主动行为得罪过一些人。每当男人觉得她们是出于喜欢和爱慕之情而与他们发生肢体接触时，他们就会开始直接或间接地追求花蝴蝶。毫无疑问，这样贸然的追求必定会遭遇失败。因此，在这些不懂得两性关系背后原理的男人心中就埋下了仇恨的种子。他们认为自己被欺骗了，同时也会戴着有色眼镜来看待花蝴蝶。

5.2.13 对朋友讲义气

花蝴蝶这一类女人虽然在很多事情上算不上精明，但是她们确实是极有江湖气息的女性。当她们的闺蜜或是好朋友遭遇到什么困难时，她们不会去衡量对方的价值才考虑是否要出手相救。在她们的认知里，朋友之前的感情和关系远远大于实际的价值，如果她们能够帮忙，一定会尽自己最大的努力。这也是她们获得成就感的一种方式。

另外，花蝴蝶也是相当勇敢的一类女性。但是，她们的勇敢大多来自于“无知”。这里讲的“无知”并不是花蝴蝶完全不知道事情的危险性而出手相救，她们也知道帮助别人或许会有风险，但她们不愿意去想那么多细节。她们感觉型的一面操控着她们的心智，使她们更相信美好的结局。比如，一个好朋友向花蝴蝶借 10 万元钱，这 10 万元是她的所有积蓄。她当然知道如果这笔钱要不回来将意味着什么，但她依然非常有可能冒着风险把这笔钱借出去。原因是她们太相信朋友之间的友谊，以及她们不愿意去思考太多复杂的后果。在这一增一减的过程中，她们的天平开始倾斜，最终还是选择了帮助朋友。

5.2.14 对恋人不负责任

当然，对于女人，这或许不是一件需要批判的事情，毕竟在两性关系里面女性是受保护的一方。但了解花蝴蝶的这个特质会对你和她的感情有很大的帮助。花蝴蝶真心相信照顾她们是别人的责任，是谁并不重要——只要不是她们自己就行。花蝴蝶最担心的是在生活中丧失玩乐的时间。她们叛逆的本性在有些人眼里可以算作可爱，但对于她们的恋人来说可就是一种煎熬。

正因为注意力不集中，所以她们也很难把注意力一直放在一个男人或是一段感情上。她们永远精力充沛。她们是短跑选手，如果跑不完，她们会直接离开跑道。花蝴蝶特别不喜欢责任和约束带来的压力。对她们来说，承诺是对那些不开窍的人设计的。熟悉《伊索寓言》中那只活在当下的蚱蜢的读者能够明白，很多花蝴蝶的性格就像是这只蚱蜢一样，极度缺乏超越当下的远景规划。当一个花蝴蝶出轨的时候，她们不会责怪自己，相反地，她们会认为是对方太过于迟钝以至于没有发现他们之间的问题。有时候，甚至连原因都不会去想，因为她们已经投入到下一段快乐当中去了。

5.2.15 很容易相信别人

合理解释型 + 感觉型的组合使她们特别容易相信其他人。没有什么类型像花蝴蝶那样对生活充满单纯和天真的信任。她们不喜欢思考。她们往往容易相信一个人的外在表现，结果由于自己的幼稚而变成受害者。她们会相信男人对她们的阿谀奉承而变得开心，也会只看男人身上衬衫的品牌而判断他是否有钱。她们无法深入思考，所以她们很容易在感情上受到欺骗。请注意：虽然花蝴蝶经常主动退出一段感情，但这并不代表她们没有认真，只是认真的时间比较短罢了。相反，正因为她们的天真和善良，当她们对待一段感情认真的时候，会比其他类型的女人更加真诚。所以，在一些情场骗子眼里，花蝴蝶是最好的猎物。

5.2.16 很容易喜欢上一个男人

花蝴蝶可能仅仅因为一个男人很“Nice”就喜欢上一个男人。这个“Nice”可以意味着很多：得体的打扮，帅气的外表，有自信，舍得为她花钱，社会地位高，喜欢刺激和冒险，主意很多等等。她们不像是理智型的女人会全方面地审视一个男人，从而决定是否要和他在一起。花蝴蝶是很冲动的一类型女人，也因为她们容易被新奇的事物吸引注意力，所以当一个男人身上的某个优点吸引到她之后，她会很想和这个男人在一起。对于男人来说唯一的难题就是，如何在获得她短暂的好感并且在她的好感消失之前快速地和她确定关系。

花蝴蝶不喜欢压力和过度的情感化。她们不喜欢一个男人对她们穷追猛打，也不喜欢一个男人太多愁善感。举一个不恰当的比喻，她们更喜欢男人是爆米花电影而不是深刻的文艺片。

5.3 邻家女孩（投资型 + 感觉型 + 回避型）

相似性格：冰美人 / 灰姑娘 / 鉴赏家

5.3.1 传统

她们是真正意义上的传统女性，她们认为爱情必须忠贞且长久。她们排斥性关系，大部分时间温柔体贴，并且她们并没有理智型那样对待工作和事业的干劲。投资型决定了她如果选择了一个男人，就会付出自己最大的努力和精力去推动和维系这段感情的发展，并且不会随便淡出一段感情。如果可以，她们愿意一生只拥有一段感情，那对于她们来说并不会有任何遗憾，甚至是幸福的。所以，在现实情况中，我们可以看到邻家女孩通常都是受伤的一方，因为她们永远比对方坚持得更久。

她的女人味来自于那份乖乖女的性格，但这不表示她不会与不是自己男友的人发生亲密关系，她需要时间，所以男人需要耐心地等待。追她的人通常有很多，因为她看起来就属于理想的女友，每个想要寻找固定女友的人都会被她吸引住。感觉型的一面使她享受做一个小女人甚至是小女孩的感觉，她需要她的男人去负责获取维持生存的资源并且照顾她。这里并不是说她们好吃懒做，她们也不需要丰厚的物质条件，但只有这样，在心理上她们才能够得到一种被呵护的感觉，这种感觉才是她们的爱情。邻家女孩喜欢浪漫的感觉。或许作为一个女教父对于收到男人的鲜花并不会有太强烈的反应，但邻家女孩如果收到了男友的花一定会欣喜若狂的，并且她们对待甜言蜜语毫无招架之力。这就像是老电影里面的女主角一样，她们是纯洁的象征。至于性，她们是持排斥态度的，但是她们会接受性自然而然地发生，并且是和对的人。也正因为她们把性看得很重，所以，当一个男人成为了她的伴侣并且和她发生过性关系之后，她会义无反顾地爱上这个男人。

5.3.2 任性，没有安全感

这很好理解，投资型 + 感觉型的组合是最缺乏安全感的一种类型。作为感觉型的女人，她们把爱情看得太重，正因为这样，所以她们极度地恐惧某一天她会失去她的伴侣和她的付出。或许她们可以原谅被小偷偷去了她们一个月的薪水，但是她们无法忍受她们的伴侣在任何事情上欺骗她们。投资型的一面决定了她们期待的是长期关系，也促使她们在任何一段感情里面都会投入最大的感情。如果两个人之间出现了一些矛盾，都会让她感觉到感情的脆弱，并开始想象他们分离的那一天（感觉型）。在这种恐惧和压力的压迫下，她不得不做一些事情来使自己安心。所以我们就可以看到她开始生闷气，和你吵架，无理取闹甚至是假装分手等你来挽回。当然，有更极端的例子就是自杀。其实基本上能够因为感情而选择结束自己的生命的女人全部属于邻家女孩。或许你会问为什么不是同为投资型 + 感觉型的灰姑娘。那是因为一个回避型的女人为爱失去了贞洁之后并没有得到一段稳定而长久的感情，她们就会开始自卑，她们觉得自己身上最重要的东西没有了，并且再也不可能找回来。这就在她们被抛弃的事实上雪上加霜，有一些意志不够坚定的女人就容易选择轻生这种极端的方式。

我的一个男性朋友经历过这样惊险的一幕：他开车带着他的邻家女孩类型的女朋友走在高速公路上，恰巧正逢他们闹矛盾。我的朋友提出分手的要求，然而女孩并不同意。双方都认为是对方的错误，并且都有自己的理由。两人就这样僵持在车里，气氛很凝重。突然，女孩拽起腿上的衣服朝男人头上扔去，吓得他赶忙踩住刹车，并且大声吼道：你想干吗？！不料女孩的反应更加激烈，她嘶吼着说道：要么就别分手，要么就一起死！可见，一个邻家女孩对待感情态度之深。

5.3.3 喜欢有耐心，温柔，甜蜜，神秘，有艺术气质和走错轨道的男人

邻家女孩很多愁善感而且情绪敏感，所以她需要一个平衡：一个不容易发火的男人，保持风度很冷静的男人，在对抗中占主导地位的男人。任何想要把她留在身边的男人必须要能够感受到她的感受，这样才能够使她放心。

投资型的一面决定了她们开始一段关系就是奔着长期关系的目的去的，所以她们也会希望她们的伴侣能够像她们自身一样，认真长久地对待彼此。如果一个男人是个急性子，那么他很有可能因为一些小事情就和邻家女孩吵架甚至分手。作为感觉型的女人来说，她们喜欢她们的男人是温柔、甜蜜、浪漫并且愿意经常哄她开心的。除此之外，感觉型的女人都容易被神奇、玄幻、神秘的事物所打动。她们更希望她们的男人能够在她们生日那一天给她们一个出其不意的惊喜。她们容易被具有艺术气质的男人所吸引。最典型的代表就是徐志摩。引用林徽因对徐志摩的评价就是：诗人徐志摩的心情是洁净的，头老抬得那么高，胸中老是那么完整的诚挚，臂上老有那么许多不折不挠的勇气。徐志摩一生为着一个愚诚的倾向，把所感受到的复杂的情绪尝味到的生活，放到自己的理想和信仰的锅炉里烧炼成几句悠扬铿锵的语言，来满足他自己本能的艺术的冲动，为着这情感而发生的冲动更是非实际的——或不全是实际的——追求。正因为邻家女孩和徐志摩身上拥有着共同的特质——“洁净的”“诚挚的”以及“为着

情感发生的冲动是非实际的”，所以她们非常容易被这一类男人所吸引，而且几乎是无抵抗的吸引。

在此需要特别强调一下，为什么邻家女孩会喜欢上一个“走错轨道”的男人。我们看到邻家女孩也会和那些坏男孩在一起——飞车党，甚至是混混等等。原因是因为，这类女人最需要情绪上的力量，而这一类男人的生活一直都是情绪过山车。当然，并不是说邻家女孩天生就喜欢这样的男人，而是去改造一个这样的男人会让她们极有成就感。

男人对于邻家女孩经常遇到的麻烦就是表现出不真诚和玩家风格。一个男人和邻家女孩恋爱时去和其他女人走近点没有问题，但是如果他试着掩盖这一点的话，她会失去对未来的期望。因为她无法看到长期关系里面最重要的一个因素——坦诚。

5.3.4 喜欢给她的伴侣上教育课

这主要是由她投资型的一面决定的。我们发现所有投资型的女人当中，最喜欢苛责伴侣并且教育伴侣的类型就是邻家女孩。原因有三层。第一层是因为她属于投资型女人，即使她的伴侣在一开始并不是那么优秀，但她会试图改造她的伴侣以达到她心目中最理想的形象。第二层是因为她太害怕这段关系的破裂，所以她希望她的伴侣能够按照她所设想的轨迹和她一起为这段感情努力。第三层是因为邻家女孩通常都没有强大的自信，所以她需要通过表面的强势来给自己营造出一个有自信的形象。所以，在邻家女孩的两性关系中，永远都少不了争吵和矛盾。

5.3.5 怀疑自己，依赖别人

虽然一个邻家女孩也有可能会有很多人追求她，但这并不能够给予她真正的自信，她依然会怀疑自己没有足够的能力去经营好一段感情。所以，她总是有很多莫名的情绪涌现出来，而在常人眼里，这些情绪根本是不必要的。比如，一个邻家女孩的男友一天都在努力工作，即使她知道如此，也知道应该鼓励男人好好工作，但她就是会有莫名的失落感涌现出来。她非常容易胡思乱想，并且把男人的过失小题大做。

5.4 灰姑娘（投资型＋感觉型＋合理解释型）

相似性格：花蝴蝶 / 邻家女孩 / 现代女人

5.4.1 升温很快，容易沦陷

从一个男人的角度来说，追求一个灰姑娘无疑是一件愉快而轻松的事情。无可否认，灰姑娘是八种类型当中最容易追求的一个类型。但是灰姑娘是反复心碎的牺牲品。她的心不会掩藏，而且对世界充满期待和幻想。她如果喜欢一个男人，就不会做任何防卫。这取决于她的三条维度的组合。让我们来一一解释。作为感觉型的女人，如果她对一个男人有好感，那么她会不断地自我诱惑。感觉型的一面让她对爱情充满了期待，她会想象她和那个男人在一起的甜蜜生活和幸福时光。在这样的自我催眠下，她会越来越憧憬他们走到一起的那一天。投资型则决定了如果她已经对一个男人产生好感，那么她就不愿意再接触过多的男人。合理解释型的一面使她并不在意一个男人去触碰她，而就是像这样肢体上的接触能够快速地制造暧昧的能量，同时也可以让两个人更快地进入性阶段。所以，综合灰姑娘的三条维度，我们可以负责任地断定，如果她已经对你产生了好感，那么只要你不犯错误，你们一定会走到一起。

灰姑娘热心又敏感，升温很快。她喜欢坠入爱河的感觉。这样的女人经常被男人误会成轻浮。不管怎样，在她心里，只要喜欢那个男人，而他看起来又有成为长期伴侣的潜质，她就会选择和这个男人发生性关系。出于此因，过多地浪费自己的感情和精力的她常常会有一些很短暂的关系，一开始一切都顺其自然，但她紧接着就越来越想要得到更多的关爱。因为她觉得在一开始就轻易地发生性关系，接下来应该继续这样简单地交往下去才对，而男人通常越容易得到越不去珍惜。所以，很多男人在快速和她发生性关系之后都容易对她失去兴趣。这也是灰姑娘这个名称的由来。

这样的恶性循环，她经历了一次又一次，使得她筋疲力尽，有时甚至会让她对自己的冲动行为感到厌恶而变成一个“回避型”。这种经历会让女人非常痛苦，在她的内心也很希望能结束这种恶性循环，找到一个好归宿。

所以，请善待一个灰姑娘类型的女人。

5.4.2 情绪化，喜欢浪漫和甜言蜜语

所有的感觉型都喜欢浪漫，但作为投资型的灰姑娘和邻家女孩会比测试型的花蝴蝶和冰美人更吃这一套。投资型 + 感觉型的组合决定了她们对于男人制造的浪漫的氛围毫无抵抗力。灰姑娘更加喜欢有激情的浪漫，不光是一顿烛光晚餐或是一场绚烂的烟火。她需要的是站在一百层的观景平台上被她所爱的男人热情地拥吻，或是在慵懒的早晨和恋人来一次美妙的性爱。这些都是能够激发她热情的方式。如果可以，她们希望在所有的浪漫中都加入足够的激情，但仅仅限于她们的恋人。

但由于感觉型的缺陷作祟，灰姑娘非常情绪化，这一分钟她还很开心地想要和你亲密，或许下一分钟她就发火了。

5.4.3 不安全，不自信

灰姑娘是复杂的矛盾体。当别人误以为她很满足时，她的内心里可能充满了不安和恐惧。她们是天生的悲观主义者，凡事都容易想到坏的一面。这缘于她们没有安全感的天性。在恋爱中，灰姑娘总会觉得自己不够优秀，并且没有足够的能力留住她的男人。所以，她的内心会很矛盾，而矛盾的表面确实平静如水。如果一个灰姑娘善于表达自己的想法还好，当她不善于表达自己的想法的时候，她在恋人眼中就会成为“神经质”的形象。因为她的恋人不知道在这么短的时间内她已经酝酿了这么厚厚的一层情绪。

她就像是《绿野仙踪》里面的那头狮子，灰姑娘代表了一个弱势群体。这并不是说她们没有财富基础，相反，很多灰姑娘的家境都不错。所以，她们不懂得争取的重要性。她们也许会为自己的随波逐流感到愧疚，但她们无法改正。她们的天性使她们在充满潜在冲突的环境里面感到非常的不自在，要求加薪或是上位必然意味着挑战。她们更愿意随性一点，而不是面对自己的不公平。

5.4.4 不需要有趣的生活方式

这一点特质与她的名字很像。灰姑娘是能够耐得住寂寞的一类型。这体现在很多方面。她们可以用电脑打发一天的时间，也可以一个人在书店逛一个下午。当她的男人因为忙没空搭理她的时候，她很可能会选择暗自生闷气，而不是像邻家女孩那样把所有的愤怒都表达出来。灰姑娘不像是那些测试型的女人，她们可以接受生活的平淡，即使没有社交活动也无所谓。她们总能自己和自己相处。也正因为这样，她们的负面情绪容易在心中滋生并且侵蚀她们。所以，在两性关系中她们总是受到爱情的伤害，这也是她名字的由来。

另外，她们也不需要她们的男人必须拥有有趣的生活方式。相反，她们对于那些沉默的男人反应很大。她们是可以陪着男朋友去网吧打游戏的一类型女人。花蝴蝶和冰美人是不会喜欢上一个游戏宅男的，但是灰姑娘不同。她们不需要男人把她们的生活变得非常有趣，但她们也有其他需求——需要男人自始至终地爱她、陪伴她。其实这并不容易做到。如果她的伴侣因为工作或是其他女人而选择了疏远一个灰姑娘时，也就是她对这段感情产生质疑的时候。

5.4.5　寻求长期关系

她们绝对是长期关系的信徒。虽然其他三种投资型的女人都会寻求长期关系，但就我们的调查显示，灰姑娘是最容易提出和一个男人结婚的类型。作为理智型的鉴赏家和现代女人来说，如果一个男人想和她们结婚，她们还需要考虑这个男人是否有足够的能力或是财富来支撑这段婚姻。但灰姑娘不会在意这些，如果她爱上了一个男人，即使他没有钱，也没有社会地位，她依然愿意把自己的未来托付给他，甚至愿意自己努力赚钱来支持家庭的开销。她们唯一需求的，就是来自伴侣的真心和爱意。是的，这听起来像是童话故事中的女主角，只是很多灰姑娘未必会有童话故事中的美好结局。

如果她处于情感空窗期，那么她就会寻找一个恋人。讽刺的是，灰姑娘经常是单身，而大部分男人都认为她是有男友的人。因为她们很漂亮，性感，有自己的风格，而且有着很高的女性能量。

5.4.6　外表平静

这体现在灰姑娘的很多地方。当你去搭讪一个陌生的灰姑娘时，她会淡定地与你交谈。你看不出她到底是紧张还是兴奋，她就像是水一样，平静地流过生命的各种考验。静水流深，这是真理。但这不代表她们是没有想法和情绪的，相反，她们的内心世界极其敏感，恋人的一个微妙的行为变化都能够使她们郁闷一整天。感觉型的她们会胡思乱想，并且往最坏的方向猜测，但她们或许不容易表现出来，而是等你去发现。比如，她们生气的时候会在睡前故意不和你说晚安，然后让你自己来发现或是反省。如果你第二天早上打电话给她道歉则相安无事；如果你没有任何表示或是对她的不爽没有任何察觉，那么她会非常伤心，而看不到你身上的长期关系潜力。这样的话，她很可能会离开你。

5.4.7 非常善良

灰姑娘不喜欢不公平待遇，即使是他人遭受到的不公平。如果她的老师冤枉了一位同学，那么她会为那位同学愤愤不平，并在心里指责她的老师。对于她的追求者也是这样。我曾经听过一个灰姑娘亲口告诉我：“我觉得让她追了我这么久却没追到，实在太不好意思了，所以我想和他来一次一夜情补偿他。”当然，这个愚蠢的想法最终还是被她自己制止了。但是通过这件事情可以看出灰姑娘的思维方式——同情每一个人。当一个灰姑娘对待她的追求者不友善的时候，那么就说明她是真的发怒了，并且一定是触及了她的底线，在这种情况下，这个男人已经没有可能追求到她了。

5.4.8 性观念开放，但只和对的人

这点必须提出来并解释一下。另外一种性观念开放的类型是勾引家，而她们性开放主要体现在广度上的延伸。换句话说，她们可以接受和很多不同的男人甚至是自己不喜欢的男人发生性关系。灰姑娘则更多地体现在

深度上，她可以接受和心爱的人进行尺度越来越大的性关系，并且她对于追求她的男人对她表达出性企图是非常反感的。事实上，她们总是穿着性感又成熟，她们希望通过自己的身体魅力加上她们友善的性格来吸引男人的注意力。所以，很多男人会误以为她们是那种放荡的女人，从而直接表明性企图。可是她们不会愿意只和那些想要征服她们的男人发生性关系，因为她们始终是在寻求长期关系的女人。

5.4.9　跟随者

灰姑娘从来不会在一段感情里面追求领导地位，因为她们知道她们自己没有决策能力。她们更喜欢扮演跟随者或者是参与度较低的角色，把决定权留给别人。她们宁愿接受别人的决定，也不愿意表达自己的看法。但这并不意味着她们不去思考。她们只是站在一个角落里默默地看着并接受这一切。

5.4.10　漫无目标，易受误导

灰姑娘对待生活的态度往往是随意的。她们不按时吃饭，对未来没有规划。这样的性格使她们甚至不愿意去发展兄弟姐妹之间的友谊。她们很少意识到自己的缺点是多么的自私。正因为她们懒散的生活态度，使得她们很容易被“专业人士”说服。灰姑娘或许有自己感兴趣的领域，但在这个领域之外，她们几乎没有独立思考的能力，很容易相信其他人对她们说的话。如果一个灰姑娘没有过恋爱经验，那么她很可能相信她的追求者说的任何一句话。也正是这样的性格使得她们总是在感情中受到伤害。

5.5 女教父（测试型 + 理智型 + 回避型）

相似性格：鉴赏家 / 勾引家 / 冰美人

5.5.1 积极，富有创见

女教父通常富有主导力，无论是在她的女性圈子里面还是恋人之间。如果你不了解她，远远地看去，她就像是一个不可一世的女人。在生活中，女教父是很勇敢的。海伦·凯勒曾经说过："生活要么是一场大的冒险，要么什么也不是。"女教父特别钟情于事业，上帝赋予她们的使命似乎就是让她们专心投入。对于事业，她们很热情，完全不满足于单调的日常生活。无论是生活还是感情，她们喜欢去追求挑战，并享受挑战成功带来的喜悦和满足。这一点和勾引家很像。由于天生就坚韧不拔，她们往往更容易获得成功。这种成功特别体现在商业、任务型活动和事业方面。女教父追求行动和结果，并且非常渴望成就。

5.5.2 女性领袖

根据目前我们对女教父的了解，她们流露出的自信不足为怪。因为她们总是表现强势、自信满满。在女性团体里面，很少有女人愿意直接和女教父发生冲突。这种强势和自信赋予了她较高的地位。当一个女人需要人生建议和指导时，女教父通常都能给出现成的答案和解决方案。她们总是拥有一种正确感，并往往能够清晰地表达，让人信服。她们通常是八种类型里面知识渊博的一类。当然，女教父也会犯错误。一个不够成熟的女教父往往不愿意承认自己的无知，她的自信变成了固执。相反，一个成熟的女教父愿意承认自己的过失，并且进行改正。所以，她们会越来越强大，但也越来越孤独。因为大多数男人惧怕这样的女人。但是，只要你能够真正懂得她们的行为动机，就能够和她们相处得很好。她们的天赋和领导欲望促使她们利用机会，成为许多社会组织、企业、团体以及家庭的领导。

5.5.3 她是一个付出者，所以她得保护自己

只要能打开女教父的心房，她会是一个很好的恋人。她对于自己喜欢的男人，是非常乐意全身心地在他身上投入的。她投入的方式很实际，不会只是说好话让你开心，她会做各种不同的努力来让你感到满意。不过，如果她暂时没有恋人，她也很喜欢跟不同的男人约会，但不会轻易地发生性关系。所以，不少花花公子做不到长期地、有耐心地去追求她。对于一般的男人来说，她是属于八种类型里面最有挑战性的一种类型。

女教父和冰美人在外表上看起来很像——同样的冷漠。这是测试型 + 回避型的通病。当一个男人对女教父很特别，并且和她进入恋爱关系时，她会付出一切来让他感到幸福。这样她才会觉得自己完成了在关系中的使命。所以，女教父一定要很小心自己喜欢上了谁。她不想把自己的礼物送错人。或许这样看起来她更像是一个投资型女人。事实上，由于她拥有着极端的投资型女人的特点，所以，她必须成为一个测试型来保护她自己。当她们喜欢上一个男人的时候，她们会经常倾向于逃避自己的感情。不管是显意识的还是潜意识的，她会害怕她自己真正放下防卫就会极度地依附于那个男人。所以，她在各种男人之间来回暧昧，只是为了测试水温。

如果一个男人和一个女教父发生了性关系，她会极度有付出欲。这是她的天性。理智型的一面决定了她如果想对一个男人好，那就多半是在现

实层面的帮助。这也意味着女教父是以现实为重的人，她不是很多愁善感。但她也会有情绪，她希望你能够回报她给你的关心和帮助，这样她才能感觉到安心。所以，不要把她的帮助想得理所当然。

5.5.4 极度现实的一类型

女教父特别的地方就是，她只会跟对自己生活和事业有益的男人交往。假如一个男人有足够的财富和社会地位，但是他并不愿意拿出资源来帮助她，她也不会和这个男人在一起。这样的想法源自于她理智型的一面。她们更看重现实的价值，并且她们不会相信男人的承诺或是甜言蜜语。当一个女教父看不到一个男人的潜力时，她们不愿意在这个男人身上更多地投入时间和精力。因为一个女教父身边通常都会有一些优秀的男人，她们的时间珍贵，所以她们会把力气花在对的地方。

另外，一个人接受爱的方式和付出爱的方式是一样的。她感觉到被一个男人在乎、重视，来源于这个男人愿意在现实层面为她投入多少，而当她要表达她喜欢一个男人的时候，她也会通过给予现实的价值来体现。比如，女教父愿意在她的男人处于危难关头亲自上阵，为他筹集资金或是拉拢资源，抑或是在男人六神无主的时候帮他一起想对策。

所以，作为男人如果能够征服一个女教父，那么他的付出和回报是成正比的。

5.5.5 在初期，浪漫和私人问题会让她感到不舒服

作为一个测试型女人，女教父对一开始就强度太大的浪漫会感到不舒服。如果一个男人刚刚认识她，并企图用浪漫的手段来打开她的心房，那只能是自讨苦吃。理智型的她们不喜欢一个她们不喜欢的男人对着她们发

情。她们更加喜欢聊一些和情景有关的话题，并且不能太私密。因为回避型的她们很难在一开始就信任一个人并且将她的心事告诉他。她们需要她们的追求者能够持之以恒，用最大的努力和付出来打动她们。只有这样，她们才会认为这个男人是值得托付的。不然，她们很可能会对着一个错误的男人付出她们的一切。所以，女教父虽然和勾引家一样喜欢结识优秀的异性，但她们对于感情却更加谨慎。

如果一个男人能够帮助到女教父的事业或是生活，那么她将会很愿意和他发展一段恋情。当她找到了这样的男人，她会非常专一并且对对方敞开心扉，但她不喜欢高调地公开他们的关系。

5.5.6 性会让她感到不舒服

性企图会让女教父很不舒服。她们或许是对于性最排斥的一种类型了。这是回避型的强大机制在发挥作用，使她们一直都在压抑自己的欲望。她们排斥异性的触碰，哪怕是最轻微的触碰，如帮她把头发上的脏东西拿掉。她们不喜欢听其他人讲性笑话，也不喜欢在公共场合看到任何与性有关的东西。在男人眼中，她们是缺乏激情的一类型女人。但这不代表她们不能够享受性爱，她们通常更看重性的质量，并且她们通过特殊的方式来思考。举个例子，当她的伴侣在她做饭的时候从后面抱住她，她一定会推开他并且要求让她把饭做完。她们并不是不愿意去配合，只是在做正事的时候她们不希望被一件无关紧要的事情所打断。

5.5.7 男性朋友多过女性朋友

女教父是非常高傲的一个类型。在一个女性社交团体当中，她们通常都是作为大姐大的角色出现。能和她们竞争的也只有同为测试型 + 理智型的勾引家。在女教父的眼里，其他类型的女人都是小女孩，太闹并且不够成熟。女教父不喜欢和一帮小姑娘混在一起聊八卦或是在 CBD 逛上一整天，也不会有事没事地拿出手机自拍或是把一些食物发到她的网络主页。她们喜欢思考一些更有现实意义的事情，例如，新上任的国家领导人或是如何在三个月内考取公务员。换句话说，她们更加具有男性思维。所以，她们更加愿意和男生成为好朋友。在她们的眼中，男人的潜在价值可比这些小女孩要大得多。

5.5.8 喜欢宠男人

女教父是独立且事业心强的女人，直到她想要开始组建自己的家庭之前。她有她自己的生活和兴趣。如果她漂亮，会有很多男人争取她的注意力。问题是其他人都想为她付出一切，带她吃饭，宠着她，但是她未必想要这些。在一开始我们就谈到，她是一个极度有付出欲的女人，她需要在她的恋爱关系中付出一些什么才会让她感觉到充实。所以，你不能把她当作一个小女孩来对待，在合适的时候让她来宠着你，才会让她感觉到满足。

如果你能领悟到这一点，你就会和这类女人很成功。

5.5.9 控制欲很强

她们才是真正意义上的女汉子。她们具有男性的思维方式，继承了男性思维的优点，同时也摆脱不了男性思维的缺点。在现代两性关系中，大多是男人扮演主导角色，可女教父需要她们自己能够在一段感情当中站在主角的位置上。她们需要掌握感情中的主动权，一个女教父希望她的男人需要她多过她需要这个男人。如果一个男人也很强势，那么他们之间必然有一场情感上的博弈。其实女教父心理脆弱，但同时又拒绝放弃控制，这通常会让她们破坏原有的感情。当她们感觉到自己已经无力去控制一段感情的时候，她们就会选择放弃这段感情，并且把注意力转移到下一个男人或是事业上。和勾引家一样，女教父也非常擅长使用各式各样的技巧来达到目的。通常的结果只有两种，或者是女教父获得了胜利，或者是两人的感情破裂，然后各自寻找下一个情侣。在心理上的操控能够让女教父获得极大的满足感。比如，她费尽心机让一个她喜欢的男人从澳洲乘飞机来到上海与她约会，或是用技巧让男人主动为她买下一个BV钱包。重点是过程，而不是最后的结果。

或许有很多女教父看起来都风光无限，但实际上却过着“绝望”的生活。

5.5.10 好争辩

和勾引家一样，女教父是非常自信的一种类型。她们总是坚信自己的信念，并且在大多数问题上都会固执己见。正如她的控制欲很强一样，她希望能够操纵每一个细节，即使是恋人之间吵架的结果。她们拥有强大的逻辑思维能力，所以她们也产生了一个副产品——口头辩论能力。女教父通常表达超强，思维敏捷。她们喜欢战胜别人的感觉。有时候，甚至别人已经非常生气了，她还没有意识到她正在引发矛盾。

5.5.11 精于算计

女教父不会随便把自己的人生抛到空中，然后祈祷刮来一阵东风。请记住，她们的动机是从A到B。她们知道要去哪里，该走哪一条路。为了控制她们的生活，并达到理想的结果，她们必须精于算计。她们不像是感觉型的“女孩们”一样，她们在几乎任何时候都依靠理智和逻辑在思考。

回避型的一面让她们时刻都在保护自己，并且不那么容易相信别人说的话。女教父把生活和感情看作是一个棋盘，她们成天都在思考着如何正确地设计自己的人生道路。

5.5.12 缺乏对亲密关系的追求

当一个女教父正在成功的道路上飞驰时，她们最大的障碍就是无法提供过多的时间和精力与男人交往。她们天性坚决，需要成就感。她们会漠视或者忽略她们缺乏亲密关系这一事实。她们总是有很多理由来说服自己把更多的力气投入在事业上，加上她们有着“精于算计”的习惯，对于一般的男人来说简直是刀枪不入。当然，也会有特定的男人和特定的方法能够让她对你产生兴趣。光是这一点已经不容易了，很多男人在追求她的过程中缺乏勇气和耐心，最终被她钢板一样的态度给吓跑了。事实上还是因为她是一个极度有付出欲的女人，在男人和她恋爱并且发生了性关系之后，她会尽力地为这个男人或是这段关系做出贡献。所以，她必须谨慎一点。

5.6 勾引家（测试型 + 理智型 + 合理解释型）

相似性格：现代女人 / 女教父 / 花蝴蝶

5.6.1 她是自信、独立、性感、冷静的综合体

如果说花蝴蝶是“派对女孩”的话，而她们就是“派对女王”。

勾引家是非常强大的一个类型，她们是所有类型中最懂得使用手段的一类型女人。也正是这些手段使她成为了一个非常有魅力的女人。她们通

常长得漂亮并且懂得如何展示自己的身体优点去吸引异性的注意力。正是这样外在和内在的组合，使得太多男人都想要得到她，而她也经历过许多男人，并且在大多数的战役中都取得了胜利。所以，成功的经验给了她们足够强大的自信，让她们在各种各样的场合以及各种各样的男人面前都能保持完美的一面。在两性关系里面，她们是为数不多的从始至终都能保持一颗冷静头脑的女人，她们不像冰美人在和男人发生了性关系之后就会开始逐渐爱上这个男人。她们总是知道自己在干什么，应该干什么。她们不会因为生理的需要和一个男人发生了一夜情之后而喜欢上这个男人，她们也不会让太多毫无价值的男人围绕在她们的身边。她们的目的总是很明确。典型的代表就像香奈儿一样，她的父亲是来自塞文山的杂货小贩，母亲是奥弗涅山区的牧家女。她 12 岁时母亲离世，父亲便丢下她和四个兄弟姐妹。这样的家庭环境使她成为了一个勾引家。在她 22 岁那年，开始在不同的歌厅和咖啡厅卖唱为生。在这段歌女生涯中，她先后结交了两名老主顾，用她的美丽和手段成功地吸引了他们，并成为他们的情人知己，一名是英国工业家，另一名是富有的军官。也就是在这两位达官贵人的帮助下，才有了我们现在熟悉的香奈儿品牌。换作是一个花蝴蝶或是冰美人，她们或许不会想着借助强大的男人去创立自己的品牌，而更多地会考虑嫁给这两位贵人，做一个贤妻良母。这就是勾引家与大多数女人的不同之处。

5.6.2 她认为大部分男人都是软弱且无安全感的

勾引家与生俱来的这种强大而有魅力的气质会吸引很多男人，同时也是因为她的这种气质会秒杀掉很多无能的男人。通常一般的男人会主动地接近一个漂亮的勾引家并追求她。当然，作为测试型的她也会考察一下这个送上门的兔子。如果她发现这个男人确实是有内涵、有魅力的，那么她会乐意和他试一段时间；如果她发现这个男人只是一个心智未发育成熟的小男孩，比如对于她太忙而没法相见感到沮丧，或者和她聊天时感到紧张，那么她很可能不把这个男人当根葱。就像金字塔原理一样，优秀的男人总是少数并且处于金字塔尖，而大多数围绕在勾引家身边的男人都属于金字塔中下层。所以，在她见过了太多内心懦弱的男人之后，她就会在心里认为大部分男人都是无能的。另外一种情况也比较常见：一个勾引家会主动接近一个她认为是有魅力的男人，在和他认识以及交往的过程中，如果她发现这个男人的魅力只是伪装出来的，她也会头也不回地离开。

勾引家就像是一个武林高手，总是有很多无名小辈前来向她挑战，但都被她一一击败，从此之后她只会把目光放在真正能和她较量的人身上。在后面的内容里面会教你如何成为一个能够和她较量的男人。

5.6.3 看重事业

虽然勾引家和现代女人、女教父、鉴赏家一样都非常看重事业，但还是有着细微的区别。鉴赏家和现代女人更倾向于通过自己的努力去获得事业上的成就，而勾引家和女教父更倾向于借助男人的帮助来完成自己的事业。但勾引家和女教父却又不同，勾引家懂得也舍得用性去交换资源，而回避型的女教父通常不愿意这么做。就像我们在前文中提到的香奈儿一样，如果不是她用自己的身体、技巧和野心打动了那两位达官贵人，或许我们今天就闻不到香奈儿五号了。投资型 + 理智型的女人更倾向于踏踏实实地辛勤工作，而测试型 + 理智型的女人更倾向于运用她们的天赋——社交能力。事实上，我们可以看到在历史上许多成功而辉煌的女性都属于勾引家这个类型，比如武则天、赵姬、蓬帕杜夫人和贝隆夫人，等等。这些成功女人里面勾引家的数量之所以大过女教父，就是因为勾引家们懂得运用女人身上最具杀伤力的武器。

5.6.4　好竞争，大胆

勾引家的竞争体现在与同性之间，无论是在工作、学业或是男人。只要是她看中的领域，她会希望自己永远是这个领域的佼佼者。她们享受打败同性竞争者的那种快感。就像是两头狮子在争夺领地一样，当她用她的手段和技巧使得对手节节败退的时候她会极度有满足感。有很多这样的例子：一个勾引家正在试图勾引一个她喜欢的男人。当她用自己的能力使这个男人甩开身边的其他女人并投入她的怀抱时，她往往就已经对这个男人失去兴趣了。换句话说，勾引家更加享受竞争的过程，使这个男人喜欢上她只是一个表现，她真正的成就感来源于击败其他竞争者。

她们是大胆、果敢的代表。这些特征往往会诱惑她们去做一些特别的事情，往轻了说是登山、蹦极或是多人性关系等冒险活动。如果一个勾引家受到负面力量的驱使，她们很可能会走上违法犯罪的道路。

5.6.5　她不是你错过了还能追得回来的人

在一个男人追求勾引家的过程当中，勾引家通常会给予这个男人很多考验。比如，故意不接这个男人的电话，从而看看这个男人是不是具有非常强烈的需求感；或者是提出让男人送她一件贵重的礼物来看看他是否拥有足够的财富以及是否愿意为她付出；又或者是假装和另外一个男人走得很近来激发一下对方的嫉妒心，看看对方是不是把她放在心上。如果这个男人会因为她不接电话而开始电话轰炸，或者吝啬自己钱包，等等，那么这个男人一定会在她的心中减分。当这个男人的分数降到她的及格线之下的时候，也就是他被正式宣判死刑的时候，而在这之后，这个男人再也不可能追到她了。这是因为测试型的勾引家身边总是有着各种各样的男人，其中不乏优秀的男人。即使没有，她们也会主动去寻找，而这个过程对于她们来说将会比“吃回头草”来得更有意思。

勾引家身边的男人会有很多，并且经常更新。如果她和一个男人发生了性关系，这个男人很可能会被她在性关系之后却像是什么都没有发生过一样的姿态所迷晕。与投资型 + 回避型的组合不同，勾引家的恋爱关系通常是从性开始的。

5.6.6 她不喜欢男人表现得完美无缺

通常一个男人完美无缺或是毫无缺陷是能够吸引女人的，但勾引家是聪明人，她们或许没有学习和研究过心理学，但是她们知道一个人试图故意表现得完美，那只能说明他需要这个面具来掩饰自己内心的自卑。因为世界上是不存在完人的，每个人都有他的缺点和弱点。所以，有很多想要通过伪装来诱骗到勾引家的男人通常都只能落得被抛弃的下场。相反，她们喜欢有自嘲能力的男人。她们也知道自嘲是正视自身缺点的一个方式，一个敢于自嘲的人才是真正拥有强大的心态的。

5.6.7 她对待感情和约会不会太严肃

勾引家如果没有遇到她的真命天子，那么她和一个男人在一起除了基本的好感和喜欢通常只有三个原因。第一是为了从这个男人身上获得某些现实的利益；第二是为了性；第三是为了娱乐打发时间。如果她是一个年轻的勾引家，还没有结婚的打算，她不会希望她的这段感情太过于严肃，因为她还要把她为数不多的时间和精力分给其他有潜力的男人以及她们的学习和事业。需要再次强调一下，不要误会了我的意思，勾引家和一个男人开始一段恋情并不只是为了这三个原因，只是测试型 + 理智型决定了她不会像邻家女孩一样把爱情看作生命中最重要的东西。

5.6.8 她需要她的男人能够适应各种角色

正因为勾引家对待感情不会太严肃，所以她们不需要一个能够为爱牺牲的情种。她们需要她们的男人可以作为她们的朋友、兄长甚至是父亲等角色。她们需要男人尊重她的时间，在她忙于某件事情的时候不要来打扰她；也需要和她的男人讨论一些她的困惑；如果可以，她也希望她的男人能够在她跌入谷底的时候像一个父亲一样拉她起来。她不需要只会对着她说甜言蜜语的男人，也不需要会天天黏着她的男人。她希望她欣赏的男人也能够欣赏她的聪明和天赋，能够看到她身上除了美貌以外的内在优点。她们通常都精于打扮自己，但她们并不想做一个花瓶。你们之间最佳的关系应该是你是一个有着自己人生目标和事业的男人，而且走在正确的轨道上。她不会需要你太多的时间。你们互相的尊重是长期关系的基础。

5.6.9 她觉得用技巧勾引到她认可的男人是非常有成就感的

当她知道一个男人想要追求她时她会很高兴，不是因为那个男人本身很色，而是因为她做出了努力让这个男人变得很色。对于大部分女人来说，有很多男人喜欢已经是一件值得高兴的事情了。但就像前文说到的，勾引家不愿意被当成花瓶。所以，如果一个男人只是被她的外表所吸引，她们并不会有很强烈的成就感，而当她们用她们的社交技巧吸引住一个男人或者是她们搞不定的男人的时候，才会产生巨大的成就感。这样的技巧是勾引家一直追求、一直学习并且一直崇拜的东西。或许很多新人并不是那么的喜欢和一个强大的勾引家玩情感追逐游戏，但当你的段位到达一定高度的时候，你会发现和勾引家切磋是一件非常令人兴奋的事情。就像是两个武林高手的对决，除了招式上的较量，更多的是心理上的对弈。

5.6.10 不会排斥性关系

当然，这只是一个普遍现象，并不能说明一些个体情况。比如一个冰美人爱极了一个男人的时候，她们也会愿意陪着她的男人挖掘更多的性乐趣。但就我们的调查来看，勾引家是所有类型当中最能够接受大尺度性关系的女人，而她的这种特质主要体现在她会主动提出一些有趣的性幻想以及和不同的男人发生性关系。比较其他性尺度较大的类型，如灰姑娘，她们更希望她们的性生活能够充满惊喜。如果她的男人比较羞涩，那么她很可能会含蓄地告知她的想法。如果这个男人太过木讷或者没办法满足她的要求，她很可能就会在一段时间之后寻找一个她认可的性伴侣。

总的来说，勾引家对于性方面没有任何问题。她有信心去用自己的方法勾引住男人，而且不会显得她很容易得到或者很放纵。

5.6.11 缺乏耐心

几乎任何一个勾引家都缺乏耐心，因为她们有着自己的明确目标，大到人生目标，小到今天的日常任务。她们觉得自己没有足够的时间等待他人长大。这不是问题，问题在于，她们并不会愿意花过多的时间与你沟通。作为一个男人，当你在某些事情上惹到她了之后，大多数情况下她未必愿意听你解释，她会希望你做一些现实的事情来弥补。如果不的话，她很快就会将精力给予她的下一个男人。

5.6.12 苛责，爱批评

勾引家通常非常缺乏耐心，所以她们喜欢评判别人。大多数人是口头批评，还有一些人会鉴于社会关系而选择默默地感到不满。但有趣的是，她们虽然不能够接受别人的不足，但她们也不能够接受自己的不足。她们是上进的一类型女人，无法容忍缺乏效率的男人。尽管勾引家不是完美主义者，但她们仍然希望可以高效率地完成某一件事情。她们无法宽容反应迟钝、缺乏常识或者准备不足的男人。因为她们的时间非常宝贵，她们不愿意把时间浪费在没有结果的人和事上面，不如当机立断去重新开始。

5.7 鉴赏家（投资型＋理智型＋回避型）

相似性格：女教父 / 现代女人 / 邻家女孩

5.7.1 忠诚

对于鉴赏家来说，生活是一系列的承诺，她们的综合优点就是她们对于感情和朋友的忠诚。友谊使她们成长，并且培育出愿意为感情而牺牲的精神。她们倾向于在一段感情里面无私地奉献自己。这体现在多方面，比如为了家庭而放弃一个好的工作，或是为了伴侣向亲朋好友借钱。她们作为妻子非常可靠，对于她们而言，口头承诺和书面承诺一样有约束力。她们完全忠实于人，所以，通常她们会比其他类型的女人拥有更健康和更充实的人际关系，而且无论她们处在顺境还是逆境，她们都能保持这个优点。

5.7.2 付出者

鉴赏家型的女人，母性极强，很善于照顾和取悦自己的男人。也许她不是什么魅惑的性感猫女，但她一直在努力让她的男人过得开心。她有现实理智的一面，知道如果自己太快跟男人发生性关系，就会丧失主动权。

和女教父一样，她是个付出者。当一个男人成功追求到她并且和她发生过性关系之后，她会极度有付出欲，并且是在现实层面上。和女教父不同的地方在于，投资型＋理智型弱化了她强势的一面。总体来说，她更加能够适应一个好妻子的角色。她不会像女教父一样和一个男人在感情中争权夺势。就像宋美龄一样，当蒋介石陷入危机的时候，宋美龄能够只身前往美国演讲为国民党招募军资，甚至是利用一切可利用的宋家资源来帮助她的丈夫。当然，不是每个女教父都拥有像宋美龄这样的能力和才华的，但她们依然会付出，她们会帮你打扫房间、整理衣物，或是帮你拿车去加油等等。同样地，你不能不去珍惜一个鉴赏家为你做出的付出，哪怕只是拥抱她，并且告诉她你很感谢她为你做的一切。虽然只是一句话，但已经是质的变化。

5.7.3 完美主义者

笔者认为这可以算作是一个缺点。原因在于完美主义背后的动机。不安感会促使一个人追求完美主义，而质量源于对结果的合理评估。完美主义和质量的衍生物刚好是彼此绝对的对立面。鉴赏家希望生活中的任何事情都不要出差错，并且她们也确实在为之努力。在感情里面，她对伴侣的要求很多，如果伴侣达不到她的要求她也不会离开，而是尽心尽力地去改造她的伴侣。因为鉴赏家希望她的感情是完美的。这也能够体现她们是一个愿意为感情和恋人付出的一类型女人。

5.7.4 很挑男人

她们通常都有着健康或是分裂的家庭环境，高尚的品味。所以，她们希望能够找到和她们门当户对的男人。这里并不是指家庭环境，而是综合素质，也就是一个男人身上的属性。比如，他是否会为了健康坚持去健身房，是否会为了舒适而买一套大房子，是否会为了充实自己每周坚持读书等等。一个只会在女人中间游龙戏凤的男人恐怕不是她们的首选对象。作为投资型的她们很可能在感情的初期阶段就开始思考婚姻的可能性。所以，在选择男人这点上，她们会非常谨慎。但请放心，只要你好好阅读并且内化这些文字，你很快就能够成为她们的白马王子了。

5.7.5 全能型

就像我们经常在财经节目或是报纸上看到的那些成功男人背后的女人一样，她们是非常优秀的贤内助。她们几乎可以胜任一切作为一个妻子必须胜任的事情。她们可以在你的公司出现人才短缺的情况下帮你物色人选，甚至是亲自上阵并且做得不错；也可以在你情绪低落的时候陪着你去你最喜欢的公园里散步数星星；如果你需要，她们也可以专门负责在家里为你做饭带孩子。这也是她们具有强烈付出欲的一种体现。是的我知道，作为男人，这听起来就很令人兴奋。她们不是只会找你要生活费的拜金女或是天天缠着你的小女孩。鉴赏家是处于中间地带的一类型女人，因此她们并没有特别突出明显的特点。一旦你发现了她的存在，那么我想你有事可做了。

5.7.6 需要被追

作为投资型的女人，她们保持着传统女性的思维。鉴赏家基本不会主动地去追求一个男人，那是测试型的工作。她们需要感受被追求的过程，而这个过程不会像灰姑娘一样那么简单。作为理智型的她们依然会用她们的标准去衡量你的综合实力，并且做好打持久战的准备（这一点和女教父很像）。有一件事情不要搞反了，很多人听到这里会认为应该把自己的综合实力提高到一定的水准再去追求一个鉴赏家。事实上不必如此，只要你的综合素质基本达标，你应该优先考虑将其追到，在这之后她会帮助你达到她心中的水准的。还记得两点吗？投资型会在一段关系里面去改造她的伴侣，鉴赏家有着极度的付出欲。除此之外还有一个理由，一个鉴赏家来辅助你，一定会比你单打独斗要来得有效率。

5.7.7 成熟，聪明的女人

与勾引家的成熟不同，勾引家更懂得两性关系的原理，并且善用技巧来达到目的，而鉴赏家的成熟体现在大是大非上面。举个例子，一个鉴赏家在她的感情生活中累积了许多怨念，但她不会在她的伴侣身心疲惫的时候拿出来为自己说话。她会把这些都记在她心中的小本子里，等到合适的时机，再一并翻出来找你算账。如果她用心的话，她会把你犯错的细节也一一记下，到时候你就无可抵赖了。这并不是小聪明，而是一种大智慧。她们知道每一段感情中都会有许多矛盾存在，她们会把注意力放在大方向上面，并且全力地维持这段感情的期限。她和一个男人亲近并且发生过性关系之后，她会很黏人。在所有的投资型 + 回避型组合的类型里，这是很常见的。好消息是她的理智型的一面知道太黏人可能会使一个男人逃走。所以，她能够把她自己的黏人程度控制在一个可接受范围内，而不是像邻家女孩一样由情感来支配行为。

5.7.8 寻求长期关系

鉴赏家一直都在寻求长期关系的伴侣，而不仅仅是一个男友。所以，一个对于她这个人本身感兴趣而不是只对性感兴趣的男人，以及让她觉得可以成为她人生的一部分的男人更能够获得她的好感。她会好好地守护自己的性权利，她对男人有一个现实的认识，因为她知道如果她太快地交出性权利就会使她失去整段关系中的筹码。既然说到了这里，需要再提一点：这是最容易在和一个男人发生过性关系之后哭泣的女人。因为对于她来说，性和感情是有着紧密联系的，交出了性就意味着交出了感情，所以性对她来说是严峻的精神考验。当她感受到自己已经失去了筹码之后，她很容易情绪失控，所以用哭泣这种方式来使自己舒服一点。

5.7.9 记仇

请记住，鉴赏家比任何一个类型的女人都愿意为感情做贡献，所以当她们遭受到了情人的背叛之后，她们很难去原谅他人。理性的一面会让她去量化她的付出，虽然只是一个模糊的数据，但是结果都是一样的——她付出的比得到的少。这样的特征不光出现在双方的感情破裂之后，在日常生活中，如果她们遇到了一些不公平待遇，她们也会偷偷地记在她们心中的小本子上。这一项特质直接决定了作为一个男人你应该如何去和鉴赏家相处。

5.7.10 自律，稳定

自律是鉴赏家最核心的正面特征。当她作为团队的一分子参与到了一个计划当中，她会发挥她的最佳状态。她们倾向于稳定安逸的生活，不像女教父那样一直都在追求大风大浪。只要能够满足她们的生活条件，她们很乐意稳定地和你过下去。由于她们天性稳定，前后一致，很多男人都喜欢将这一类型的女人作为婚姻的对象。她们不会像勾引家一样在婚后还存在着红杏出墙的风险，也不会像邻家女孩一样总是和你闹脾气。这听起来很令人兴奋，但是你还需要一些具体的指点才能够顺利地打动她的心扉。

5.8 现代女人（投资型＋理智型＋合理解释型）

相似性格：勾引家 / 鉴赏家 / 灰姑娘

5.8.1 独立

现代女人是很酷的类型。她很独立，不愤世嫉俗，而且她享受男人，但是直到她找到认真的理由之前，她都不会太认真。事实上，她有着很健康的、很实在的方法来和男人打交道。与所有理智型的女人一样，现代女人是极其独立的一种类型，而这种特质在一个现代女人身上会体现得更加明显。因为作为测试型的女教父和勾引家她们都需要和不同的男人保持暧昧关系，这看起来就像是她们需要一些男人出现在她们的生活中。现代女人的独立体现在——即使在空窗期也可以安心地工作和享受个人生活。换句话说，现代女人的独立更加体现在情感独立上。当然，这并不意味着她们不需要男人，只是在寻找到她们的白马王子之前，她们是不愿意将就的。

5.8.2 有野心和目标

作为理智型的现代女人，她们对未来充满目标和野心。虽然她们不会强求去改变世界，但她们会愿意通过不懈的努力来改善自己的生活，以及拥有一个她们期待的未来。与此同时，她们也需要她们的男人有足够的野心和目标。理智型决定了她们需要她们的男人能够为家庭的经济来源负责，除去现实层面的需求，她们在心理上，也会觉得一个有事业、有野心的男人更加有魅力。

5.8.3　复杂

现代女人是非常复杂的综合体。她们既有着传统女人追求长期关系的特点，又同时会出现合理解释型对性不在乎的表现。她们就像是上帝跟你开的一个玩笑——让人捉摸不透。现代女人有着颇具影响力的优点，也不乏弱点和不足。她们敏感又热烈，爱关心也受批评，既奉献又给予。往往男人会在短时间内被现代女人迷得神魂颠倒，但可能改天就会对她们深恶痛绝。现代女人非常注重情感上的连接，但往往不喜欢表达太多。她们追求亲密关系，但又想保持独立。这就意味着她们可能已经喜欢上一个男人了，但由于她们不善于表达，而终究错失了一段美妙的感情。她们拥有杰出女性的核心特征：有魅力，吸引人，同时充满了复杂的矛盾。

5.8.4　年龄越大特征越明显

当然，这有个上限。通常在 25 岁—35 岁之间的现代女人最容易辨别，因为女人在这个阶段已经拥有了比较成熟的世界观以及生活经验。这也正是一个现代女人需要的东西。举个例子，一个 20 岁的现代女人或许也会有事业上的目标，但这个阶段的女人对于世界的认知还不够全面，她们只知道她们需要一个未来，但这个未来在她们的脑海中是模糊的。在大学阶段的女人通常不知道她们今后应该做什么，适合做什么。所以，年轻的现代女人虽然知道应该努力，可她们却不知道如何去努力。当一个现代女人随着年龄的增长，同时看到周围的朋友相继成熟之后，她们的潜意识里就会慢慢对她们的道路形成清晰的认识。有了这样的认识之后，才是一个现代女人开始发光发热的时候。

5.8.5 寻求长期关系，但不排斥短暂的性关系

虽然现代女人一直都在寻找她的白马王子，但现代女人通常也拥有现代的生活方式。她们也会在周末的晚上和闺蜜一起到夜店里玩上几个小时，或者是只身去短暂的度假。在各种各样特殊的环境当中，如果有合适的对象以及安全的措施，外加她正处于单身，她们也会愿意和一个有感觉的人发生性关系。她喜欢性爱，并且不觉得这是什么问题。她拿得起，放得下，也灵活变通，她能接受单纯的情人关系，并且只把性关系当作性关系。请不要据此就判断她是一个随便的人。事实上，现代女人是非常体贴的女友，因为与其他类型的女人比起来，她更懂作为女人需要有足够的弹性。

这样的态度是她们合理解释型的一面决定的。很多社会学家以及性学家都提出过适当的性行为是有助于身心健康的。在八种类型当中，现代女人是能够真正读懂这句话的一个类型。她们不会滥情，也懂得情趣。也正是这样的态度，使她们总是能够保持健康的生活状态。

5.8.6 得体，真诚

现代女人通常都有着较为广阔的视野，她们知道应该追求什么才能让她们看起来更高端一些。所以，她们注重文化和举止行为。她们明白气质和风度在社会中的价值。只要他人不是对她图谋不轨，通常都会真诚地和他人沟通，并且不会掩饰太多。她们的情商很高，不会让别人难堪，也不会让自己难受。比如，一个现代女人和一个她不中意的男人正在咖啡厅里面相亲，她不会像花蝴蝶一样时不时地拿出手机来玩玩，也不会像勾引家那样直截了当地拒绝他。她会找到一个合理的理由来让自己赶紧闪人，并且能够照顾到男人的脸面。现代女人同样也希望她的男人能够像她一样。只有这样，她才能够在他身上看到长期关系的潜力。

5.8.7　不喜欢自私、缺乏目标、需求感太强的男人

一个现代女人通常都拥有一个长远的事业目标，那么也就意味着她们通常都会拥有一份相对不错的工作。如此，她们需要把大部分的精力都放在事业和工作上面。所以，作为现代女人的伴侣，一定不会是只会想着谈情说爱、如胶似漆的小男孩，更加不能够因为对这个现代女人的思念而打扰到她的工作。她们需要她们的男人和她们一样有事业上的目标和野心。如果一个男人的需求感太强烈，即使她和他正处于恋爱关系，那么也不会长久。是的，她投资型的一面也阻止不了她离开这个小男孩。

她需要一个有目标的、有性冲动的，以及爱她这个人为第一位的男人。这个男人不需要太有钱，也不需要超级成功或者聪明，只需要有目标而且有常识就可以了。有一点需要记住，这对于每个女人都是真相——不诚实就会消灭吸引力。如果一个男人不诚实，不仅意味着她不能相信你，而且会显得这个男人很懦弱。很多男人不敢对女人诚实，是因为他们不了解女人。当你真诚地去面对一个女人时，你会显得很勇敢，有自信。

面对一个现代女人，你起码得是一个现代男人。

第六章 不同类型的应对方法

好的，我们已经花了大把的时间介绍了三条维度、六种性格原型以及八种女人的主要特质。现在我们要真正地走进《女生密码》的重中之重了。人性是复杂和矛盾的，想要彻底分析清楚一个人的性格非常艰难，但是，一旦你掌握了知人知心的方法，你就会发现人心的魅力是如此的巨大，并且追求女人竟然如此容易。

6.1 通用流程

第一步：打破她的防御

测试型：由于测试型女人身边的追求者相对较多，所以她们通常喜欢戴着社交面具与人交往。你需要小心翼翼地摘下她的面具。所以，你们约会阶段的重心应该放在你自己身上，不要过多地对她做无谓的关心，嘘寒问暖。不然的话，她会很容易感觉到你正在追求她。她不希望有压力，一切都顺其自然。

投资型：投资型的女人专一，并且崇尚长期关系，她们是偏向传统的一类型女人，所以她们需要感觉到被追。因此，在你们约会的阶段你应该更多地把重心放在她身上，还需要一些坚持，这样可以让她感觉到你是真正在乎并且喜欢她的。

第二步：互动，让她觉得你非常“对味”

这时候，我们的重点不仅是在互动的“对味”上，还要为将来如何发生亲密关系做准备。

回避型：回避型的女人排斥肢体接触，这就为你们发生亲密关系设下了一个挑战。可亲密关系又是你们真正进展为恋人的一道门槛，所以你需要先从细微的肢体接触开始。比如，帮她拿掉头发上的脏东西，或是在她下楼梯的时候搀扶着她。只要你不刻意表现，她会越来越习惯你对她的肢体触碰。当她习惯了细微的肢体接触之后，再试着上升一级。

合理解释型：合理解释型的女人肢体相对开放，所以你不必担心你们是否能够发生亲密关系，只要她喜欢你，这是迟早的事情。你需要表现出对她身体之外的东西的欣赏，比如，她的天赋，她的智慧，或者是她的友好等等，并且推迟亲密关系的发生有利于你们能够进入长期关系。

第三步：约会与肢体接触升级

这里介绍一些通用的约会原则。

1. 约会的地点不一定需要太贵，但不能够让人感觉低端和廉价。

2. 不要试图用钱来讨好她，如果你用钱吸引住了一个女人，那么她就是冲着你的钱来的。所以，即使你有足够的财富，也请理智地付出（后面会具体讲到）。

3. 你可以把约会地点中的一个设定在家里。也许只是上楼拿你忘记带的钱包。通常女人会恐惧去到一个男人的家里，因为她们会认为你会想要对她们做点什么。所以，让女孩熟悉一下你家的环境有利于你们发生亲密关系。

4. 针对不同的女人设计不同的约会线路。比如，一个鉴赏家不喜欢游乐场而喜欢艺术画廊；一个花蝴蝶不喜欢博物馆而喜欢游乐场。

5. 理智型的女人并没有感觉型的女人那样喜欢传统的约会，她们更喜欢为达到一个目的而和你作伴的感觉。面对感觉型的女人关键是良好的氛围，她不会在乎在约会中收获什么，她觉得玩得开心或者感觉放松就好。尽情地去带领她，让约会节目惊喜一点。如果你能够刺激她的情绪，或许会带来良好的效果。

6. 测试型的女人在一开始不太喜欢对话式约会，例如，面对面坐在咖啡厅里面聊上一个下午。对她们来说，这是非常有压力的一件事情。她们喜欢更轻松一点的、不那么无聊的活动。投资型的女人偏好舒适安逸的约会，因为这样才可以真正地了解你是一个怎样的男人，你是否有潜力做她的长期男友。

7. 在获得回避型女人好感之后，可以在私密的场合尝试肢体接触升级。公共场所因为环境复杂，也许会造成她的不适。在获得合理解释型女人的好感之后，你不用担心肢体接触升级的问题，而你可以在关键时刻推开她，让她来主动触碰你。

8. 你需要多准备几个约会地点，因为如果她觉得和你在一起很无聊，想都别想，立刻转换场地。这对你们双方都好。

9. 面对感觉型的女人，在约会的初期要保证你能够支付所有的约会费用。因为她们认为男女应该“各司其职”，所以你需要拿出你作为男人的态度来。面对理智型的女人，在约会的初期她很有可能抢着买单，因为她们理智型的一面决定了她们需要感觉到自己不是小女孩，并且有自力更生的能力。如果是这样，你可以选择让她来付钱，这无伤大雅，但是总体的付出你必须占大头。

第四步：长期关系

吸引力是虚幻的。

确定保持长期的吸引力，我们需要注意两个非常重要的地方。

1. 获得她的认同度，树立你的权威性，并且让她为你们这段感情投资。无论是什么形式的投资（金钱、时间、精力、感情、性），她的投资程度会与她对待这段感情的黏性成正比。

2. 不断地沟通，互相融合，你们必须有着相同的价值观和目标。请记住，长期关系不是游戏。你必须为你们的美好未来负起责任。

6.2 冰美人

注意，冰美人是测试型的女人。所以，你不能像一个书呆子一样。她们需要你是一个有情趣的男人。

第一步：刺激

1. 从你和一个冰美人说的第一句话开始，你就需要小心一点。她们如果和你不熟，那么是不会和你聊得火热的。所以，你的关注点不应该是怎么把你们的对话变得精彩，而是应该优先考虑让对话进行下去。当你用错误的方式去接近一个冰美人时，通常会发生两种情况：要么她完全忽视你；要么她面无表情地和你聊天，直到你不知道怎么说下去为止。她是一个测试型，所以她不希望被热情地直接接近。根据环境或者她在做的事情去搭讪她会很好，用一种友好的能量。如果她对你的回复具有挑衅意味，不要生气，告诉她你喜欢她拒绝人的方式。

你不要在一开始就大段大段地讲你辉煌的故事，她们是不会有兴趣的。你也不能支支吾吾说不出话来，那样她会认为你没有自信。你需要友好一点、机智一点。你不能一直问她问题。测试型的女人最讨厌这样查户口式的问题。比如，“你多大了？”“你是做什么工作的？”“你喜欢吃什么？”等等。这些低级问题已经困扰了她许多年，她再也不想听到有男人这么问她了。

你需要提供比她更多的对话。只有这样你才能够把对话进行下去。我们来看一个简单的例子。

“你一个人坐在这里不无聊吗？”

“还好吧。”

“刚刚看到你似乎心情不太好。”

“有点。”

“心理学家说，人们喜欢在心情不好的时候独处，可是这是错误的做法，这只会让你更加难过。”

“你是学心理学的吗？”

“Balabala...”

也就是说，她可能只会给你非常简短的回复。很多男人在遇到这样的情况之后就开始打退堂鼓了。因为他们根本不知道该如何将对话进行下去。如果你也不会聊天，那么就应该在开始聊天之前先准备好几个话题。你可以从以前收集到的话题里面挑选，也可通过观察她行为的细节来展开话题。

2. 在一开始的时候你需要展示两样东西：你拥有很高的标准以及你注重女人的内在。让我们来一一解释。因为冰美人身边经常围绕着一些饥渴的男人，她心里知道，大多数的男人看到美女就会心动。所以，你必须在一开始就和她身边的那些追求者和潜在追求者区分开来。通常她身边的那些男人会对她言听计从，而你不能如此，你需要展示出你对于女人是有着很高标准的男人。你可以尽量地不去看她，对待她就像是对待每一个女孩一样，甚至你可以对待其他女孩更好一点而不去管她。这样她就会知道你并没有把她当成特殊的对象，并且会对你产生浓厚的兴趣。她会在心里想，为什么他没有被我的魅力吸引住呢？如果你已经和她聊上了，那么你可以通过讲故事来间接地传递出你是一个有高标准的男人。比如：

“哦，其实我谈的女朋友不多，因为我认为只有一个女人在各个方面都很优秀之后我才会愿意和她深入交往。我的前任是一个难得的女人，她……”

还记得《那些年，我们一起追的女孩》吗？在所有的男生都想要讨好沈佳宜的时候，只有柯景腾对她没有兴趣，而且是爱理不理。然后，在沈佳宜的心中他就成为了一个特别的男人，并且她时时刻刻都会注意到他，甚至会故意耍一些小心眼去刁难他。这样，他们就自然而然地产生了一种微妙的联系，而其他只知道一味地追求她的男生们却沦落为布景。

冰美人作为感觉型的女生通常不像理智型的女人那样有深度，但是没有人愿意被当作花瓶。她们很少听到有男人会夸奖她们的内在。有两个原因：一是因为一般的男人都只看到了她的外表与身材。二是因为她们确实很难让人注意到她们身上的内在优点。所以，你必须是通则的例外。你要让她感觉到你是一个能够了解她并且看到她身上的内在优点的男人。这样她会觉得你和那些肤浅的男人不一样。所以，你需要留心观察，哪怕是一些很小的细节。

我的一个学生在这方面做得很不错。他和几个女孩正在酒吧里喝酒，当某个人不小心把桌子上的酒杯弄倒了之后，女孩从包里面拿出了一包纸巾，并且把它分给在场的每一个人。这个学生在看到之后俯身到那个女孩的耳边轻轻地说："你知道吗？我这几年玩过许多酒吧，但我却是第一次看见像你这样细心体贴的女人。你真的很棒！"

如果你实在找不到蛛丝马迹，那么你可以通过这么说来让她感觉到你不一样："现在美女实在太多了，任何一个女人愿意静下心来学习保养或者化妆，都可以成为美女。所以，我认为女人的内在才是最重要的。这些珍贵的品质是用钱买不到的。"

3. 在她对你产生好感之前，你必须注意时时刻刻都不能够给她压力。你不能总是像查户口式的问她问题；你不能强迫她和你约会；你也不能总是盯着她看。这些都会毁了你的第一印象。她们是测试型的女人，你必须云淡风轻，太多的关注意味着你对她的兴趣。这只会让她们升起防护罩，并且逐渐疏远你。对待测试型的女人你更应该把注意力放在自己身上。在尊重她的前提下，不要太关心她。让你成为一个在她眼中对她没有兴趣的男人。记住，这才是你成功的关键。

很多幼稚的男生容易受到自己的情绪控制。他们没有太多的经验，并且他们太急于和一个女人发生亲密关系。所以，他们幻想着这一条短信过去她能够给予良好的回复。事实上，女生只是很冷淡的回应。过了几天他又开始幻想约她出来或许就一切都好了。然后他便遭到了拒绝。重复几次之后，女生就会对这些男人失去兴趣，并且再也没有机会了。或许听起来很残酷，可事实上就是这么残酷。

你可以去开她的玩笑，但是注意，开玩笑的方法是轻微的调侃，用一种很温柔的方式说出。这也是很多人搞砸的原因，他们太尖刻了。反过来，不会开玩笑的男生会被她们认为太无聊。

4. 保持神秘感，让她猜不透你。就像是柯景腾一样，他在女生眼里总是和其他的男生不一样。你必须有能够让人捉摸不透的地方。比如，你们正在聊天的时候她告诉你你的项链很漂亮。然后你需要这么说："嗯，它有故事的。"这时候她会好奇地让你讲出这个故事，而你可以选择不告诉她，从而产生一种神秘感。我比较喜欢的一种说法是："好的，不过等我们再熟悉一点吧，因为这个故事很长。"

当然，还有很多能够让你产生神秘感的方式。比如，你可以多用"你猜"这样的句式，也可以学习一些简单的读心术或是占卜之类的东西。作为感觉型的冰美人非常喜欢这一类神秘的东西。当然，你也可以让你的朋友在远处指着你并且告诉她："你知道吗？他可不简单哦！"

在保持神秘感的同时，你不能够被她的神秘所吸引。不然的话，她就很可能快速把你归类在追求者行列里面了。

第二步：互动

1. 其实和冰美人建立联系感很容易，关键在于你不要对她油嘴滑舌或者去挖掘她的个人隐私。反过来，也不要做那个无聊得只会聊事业和目标的男人，避免去涉及那些深刻或是逻辑性的问题。作为感觉型的她们，轻松好玩的话题更能够吸引住她们的注意力。你绝对不能和一个冰美人在刚认识的时候就聊钓鱼岛局势问题或是她的工作报告。最合适的话题，如音乐、电影、冒险、旅游、宠物、星座、兴趣爱好等等。一定要记得避免过渡到和事业、工作有关的话题（逻辑性话题）上去。

这就要求你对以上这些聊天话题有足够的积累，你才能够在一开始就和她们互动得很好。如果你不知道该去哪里收集话题，那么就多看看女人们平时都在干什么吧。她们花了大量的时间在修饰自己上面，去美甲店或是去理发店打理她们的头发。女性杂志上面列满了女人感兴趣的轻松话题。

当然，情感话题也是一个不错的选择，因为每一个女人都很看重感情生活。

2. 如果她对你不感兴趣，她也许会做一些事情阻碍你和她接触。比如，一直维持简短的回应，转过头去玩手机，又或者是主动离开去洗手间等等。这些都是你没有吸引住她注意力的信号。如果这样的情况出现了，请立刻停下来，检讨一下是不是今天的形象不过关，或是你问了太多问题，抑或是你给了她太多的注意力让她压力很大？

测试型女人不喜欢男人直接去凝视她，保持侧身的姿势，试着去和她做一些运动，比如，玩桌球，并排散步，或者不带太多眼神接触的跳舞。

请记住，面对测试型的女人死缠烂打是没有效果的。当她们觉得你是个无聊的人之后，她们就会把注意力转移到其他男人身上。

也许她会故意给你一些考验，比如她问你：“你是不是想追我？”或者是“我为什么要告诉你这么多？”等等。这样的考验千变万化，我们无法设计出一个万能的回答，但是它们背后的原理都是一样的：她想要看看你是不是足够的成熟以化解她的危机并且征服她。血淋淋的事实是，大部分的男人都被她吓到了，无法通过她的测试。你不能这样，你必须保持冷静，并且成功地化险为夷。

“你是不是想追我？”

“你的想象力可以再丰富一点。”

“你为什么和我搭讪？”

“因为你看起来不像是坏人。”

“你愿意送我那个卡地亚的手环吗？”

“看你表现。”

以上的三段对话都是比较成功的例子。要点就是你不能把她的这些测试当回事，别陷入她的圈套。你需要有你自己的框架，也就是态度。你要时时刻刻提醒自己她只是一个普通的女孩，没有什么特别的，除了她之外，你明天就能够邂逅一个比她更好的女人。这是一种自我催眠，讽刺的是，这种自我催眠非常有效。当你越不在乎一个测试型的女人时，她们就会越在乎你。

3. 不要和冰美人在不熟悉的阶段就开始聊心事。在你们真正互相了解之前，你们的对话应该更轻松有趣，所以你需要幽默一点。幽默的秘诀在于放松，有的男人在兄弟们面前机智幽默，但是往往一遇到心仪的女人，他甚至紧张得讲不出话来。这时候你需要把她假定成一个已经认识了很久的老朋友，回想一下你和朋友之间都会说些什么，怎么说。如果你和朋友在一起的时候会讨论其他女生，那么你就和她一起讨论其他女生。如果你和朋友在一起的时候不说话也非常舒服，那么你就别担心你和她之间的冷场。每个人的幽默能力各不相同，但你应该发挥出你的最佳水平。所以，放轻松去和她互动。

真正的心事是应该放在深层次联系感阶段聊的。那时候也许你们已经约会过好几次了，你们都对对方有了足够的了解，并且你们知道对方的心理禁区在哪里。在那个时候，你们可以去聊一些深刻的话题。深层次联系感的话题包括深刻的情感经历、童年时的经历、秘密、性幻想等等。当你们已经处于深层次联系感阶段的时候，你可以向她展示你脆弱的一面。比如告诉她你小的时候曾经被学校的每一个人排斥，所以造成了你现在渴望交朋友的性格。你可以直接说，也可以通过讲故事的方式传达给她。感觉型的女人会对这一类话题产生情绪波动。她们是感性的，并且很容易联想到自己身上的某种缺陷，而当她体会到了你悲伤的情绪并且将她的故事告诉你时，你们就已经制造了深层次联系感。

作为感觉型的女人，她喜欢浪漫的氛围。但是请记住，只有在女人喜欢你的情况下你做出的行为才能够称之为浪漫。冰美人属于测试型女人，这一类型的女人在一开始就会对强度太大的浪漫感到很不舒服，重要的原因是她们会将你的浪漫直接在脑海中转化成压力。所以，在初期的时候，你不应该花太多的心思在制造浪漫上面，因为她身边的追求者都想要这么做并且打动她，你必须和他们不一样。

第三步：约会与肢体接触

1. 当你和冰美人约会时要记住，初期不要搞得很浪漫。不如去做做运动，打打桌球，或者看一场比赛。如果能够邀她的朋友和你的朋友一起参与进来会更好。她更喜欢轻松无压力的约会方式。所以，在你们还没有熟悉之前，尽量不要去一些特别安静和私密的场合。她不喜欢和一个不太熟悉的男人面对面坐着聊天。这样的尴尬会让她很想赶快结束这次约会。当然，这有一个动量指标，那就是你的沟通能力。有些男人就是靠着三寸不烂之舌也可以把女孩逗得哈哈大笑，并且不会无聊。如果你没有强大的沟通能力作为基础，那么你应该选择借助一些外界的力量来让你们的约会变得更加有趣。

你可以带她去商场、游乐场，或是主题聚会。有时候一场演唱会或是一次短途旅行也是很不错的选择。在这样的环境里面，她更容易放下心中的防护罩，并且给你留出一个发挥的空间。在这个过程中，你可以尽情地发挥你的想象力和能量，将约会变得有趣和难忘。

也请记住动静结合。如果这些活动在前期给你们制造了足够的熟悉度，那么在之后的约会你就应该考虑一些能够让你们制造深层次联系感的地方了。不然的话，你最多也只是个玩伴，而任何一个男人都可能会取代你。试着在你们熟悉之后走入她的内心，让她感受到你是为数不多的、能够真正了解她的男人。

2. 面对回避型的冰美人，你的肢体接触应该是谨慎且轻微的。不要想着在一开始就能够和她发生亲密关系，而要把注意力放在具体的约会上面。在约会的过程中找到可以进行肢体接触的机会，例如搀扶着她下楼梯，挽着她过马路等等，尽可能多地加入肢体接触，但一定是要轻微的、不会引起反感的行为。

如果你们的对话已经开始进入暧昧阶段，那么你已经可以尝试去拥抱她或是亲吻她了。但是请记住，她是一个回避型的女人，她害怕承受别人的评价。所以，你需要等到进入私密场合才可以行动。通常的私密场合指的就是“两个人的场合”，比较常见的有公园、湖边、家中，或是咖啡厅的一角。

当你和一个回避型女人接吻之后，她的感情洪水会打开，因为她会给自己一个理由来合理化这件事情。通常的理由就是“我一定是喜欢上这个男人了”。但是如果你们接吻的感觉不好，她会带上强烈的反抗心理——保持口腔清洁，并且不要太过热烈。

当你想要拥抱或是亲吻一个冰美人的时候，她非常可能会躲闪。这是由她回避型的应对机制决定的——本能地排斥肢体接触。这时候是对你直觉的考验，如果她不喜欢你，并且是真的不想和你发生肢体接触，那么你便不能够强求。如果她只是没有跟上你的脚步，属于惯性反应的话，你可以再试一次。然后，你就可以得到一个甜蜜的吻了。

第四步：长期关系

1. 想要和冰美人保持长期关系，你需要不断地引导她分享出她心中的秘密。因为回避型的女人天生不愿意与人分享太多，所以，如果作为恋人的你能够引导她告诉你一些真正的秘密，将会有助于保持你们的长期关系。

每个人都有自己的秘密，比如，她始终没有勇气向一个她已经暗恋了七年的男人表白。但是请记住，我们所说的是“引导”，并不是“要求”。所以，你不能强求她把心中的秘密告诉你，你需要一些技巧才行。前面讲到的“冷读”和“诱出价值观”都是能够帮助到你的好办法。

2. 永远不要被她猜透。冰美人喜欢神秘的男人，而且她自己就很神秘。当她遇到一个有深度而且不外露的男人时，她就会喜欢他。所以，你必须成为这样的男人。多去探索一下自己，开辟一些新的兴趣，或是学习一些新的技能。保持每周看书是一个不错的习惯。当然，你也可以时不时地向她展示一下你身边的女性好友以制造嫉妒感。这些都是保持神秘感的方法。很多男人在追到一个冰美人之后就开始松懈了，他们不知道一个测试型的女人并没有那么容易拴住。你不能松懈，你需要常常想一些新的、刺激的约会方案，而不是成天坐在电脑面前玩游戏。

3. 永远不要被她驯服，成为她的男佣。或许对于投资型女人你这样做反而会让她更加爱你，但是测试型的择偶机制决定了她们喜欢自己掌控不了并且能被其掌控的男人。你必须有着自己的生活轨迹，并且越来越成熟。一旦彻底沦陷为她的男佣，她就很可能会离开你，或者说，你和她的这段关系已经无法给她带来她想要的感觉了。

4. 感觉型女人的爱语通常会是“肯定的言辞”和“精心的陪伴”。所以，你要在这两点上面下功夫，千万不要吝啬你的甜言蜜语，在所有可以夸奖她的时候夸奖她，哪怕只是一句简单的“你好美”。同时，你不能长期地停留在自己的世界里面，不然她就会去找其他男人来增添一些乐趣。

6.3 邻家女孩

和邻家女孩相处的秘诀就是用真诚和坚持感动她。你对她持续的兴趣会获得她的兴趣。

第一步：刺激

1. 在一开始的时候，你不能表现得像是一个花花公子或是情场高手，因为邻家女孩觉得这一类男人特别没有安全感。她们知道这类男人对女人非常在行，也有很多女孩喜欢这类男人，所以邻家女孩不相信这样的男人能够陪她一直走下去。

你不用穿得非常夸张或是佩戴一些闪耀的饰品，也不用太严肃。一般的休闲衬衫就是不错的选择，但颜色不能太鲜艳。她们喜欢整洁干净的男人，所以记住，打理好你的发型和胡楂。

2. 真诚是最有效的。原因在于，她要么已经有了伴侣，要么就是想要一个伴侣。如果是前者的话，她基本上会直接拒绝你。这也省去了你的时间。如果是后者的话，只要你知道如何做出 75% 的正面反应，追到她就不是一件困难的事情。

如果你想去搭讪一个邻家女孩，你可以直接走上去告诉她你远远地就看到她了，因为她身上的某种特质吸引了你，所以你想要过来认识她。通常，只要你的形象过关，她们都会乐意和你交谈一会儿的。如果你愿意用迂回的方式认识她，那就注意一定别让她觉得你是有所企图的。不然的话，她就会升起她的防护罩。特别注意一点，你不用伪装得非常厉害或是非常有钱。她们不喜欢自吹自擂的男人，很多人不懂这一点，他们把女人当成傻瓜。事实上，女人的直觉都很准确，她们很快地就能看出一个男人是真的有料还是外强中干。

很多人不理解真诚的含义。它并不是让你什么都说。你要懂得扬长避短，你不能告诉她你常年不换内衣，或是因为她长得漂亮，所以你才来接近她。另外，真诚不光体现在语言上，你还需要正确的肢体语言。想象一下，如果一个人总是背对着你和你说话，你是什么感觉。是的，你会认为他根本没把你放在眼里。所以，你和邻家女孩说话的时候一定要正面对着她。

很多人都低估了微笑的力量。有句话叫作“伸手不打笑脸人”。如果你去搭讪一个邻家女孩，一定要面带微笑。它不仅能够帮助你减少被拒绝的概率，也可以给女孩安全感。

眼神接触也是很重要的一环，很多人因为紧张而不敢去和女人对视。这是很糟糕的表现，不仅会让别人觉得你胆怯，而且更加会让人觉得你不够真诚。所以，记得保持眼神接触，但别死盯着看。

3. 如果能让她感觉到她在你眼里是很特别的话，会大大地增加你的成功率。细心一点，尝试着去发现她和其他女人的不同点。这个不同点可以是任何东西。比如，她话很多，那么你可以告诉她：“我觉得你和别人不一样，你是个活泼的女人。”如果她话很少，那么你就告诉她：“我觉得你和别人不一样，和你在一起特别的舒服。”如果你脑袋死机了，什么也想不出来，那就直接告诉她：“我觉得你和其他女生都不一样，所以我才过来认识你。”

投资型的邻家女孩特别需要别人的肯定。因为她们是没有自信心的一类女人，她们不太相信自己有能力能够维护好一段感情。所以，在你们认识的初期可以尽量地让她知道她是一个特别的人，这样能够让她把注意力更多地放在你身上。

4. 记住，面对一个投资型的女人，并且在她喜欢上你之前，你最好把她当成重心。也就是说，你要把自己放在配角的位置，经常为她着想，考虑她的感受，拿出真正“追”女孩的姿态来。这和面对测试型是截然相反的。换句话说，投资型的女人更容易用传统的追求方式追到。讲话的时候看着她的眼睛，如果她说的比较多就好好做一个倾听者，把话题放在她身上而不是自己身上。

第二步：互动

1. 邻家女孩需要的是一个有安全感的男人。所以，你不能表现得像是一个摇滚歌手。你不能满嘴脏话，也不能愤世嫉俗。你的社交能量应该稳定而且坚定。你不能太过激昂像是打过兴奋剂一样，试着做一个正常人就好。

当然，开玩笑是可以的，并且邻家女孩很喜欢开玩笑。你可以开她的玩笑，也可以开自己的玩笑，但是一定要是温暖而积极的。很多人喜欢嘲讽女人来提升自己的地位，是的，你没听错，这是非常愚蠢的做法。这只会显得你很没有自信并且很弱小。

2. 角色扮演是一个不错的技巧。因为作为感觉型的女人本身就喜欢幻想，这正好对应她们的胃口。她们不喜欢太实际的东西，并且会觉得那样很无聊。所以，你可以试着把她和你自己带入到某两种角色里面，造成一种虚幻且暧昧的气氛。通常情况下，任何角色都是可以带入的，比如老师和学生、明星和粉丝、悟空和唐僧等等。如果你和她比较熟了，那么就可以尝试更多的角色。比如：

“你头上的帽子看起来就像是皮卡丘一样。”

“哈哈是吗！”

“是啊，让我把你收了，心情不好的时候就放出来溜达溜达。”

“那你试试看呀！”

“Balabala...”

如何正确地使用角色扮演这个技巧？其实重点就在于你必须不把它当成一个技巧，而是普通对话中的一部分。你不能太刻意，不然的话就会让对话变得怪怪的。

虽然在这里强调了角色扮演的重要性，但是你不能强求。如果你实在不知道如何使用这个技巧，那么你就忘了它。通常情况下，在一整天的对话中穿插几次简短的角色扮演就足够了。

3. 在和邻家女孩的初期对话中，你要让她感觉到你是真的认为她很特别，并且想要去了解她。投资型的女人都需要感觉到“被追”。所以，你需要把话题放在她身上。你可以多和她聊聊关于她的事情。例如她的兴趣、她的理想和她的爱情观等等。聊这些话题会让她感觉到被重视。但是你不能一味地问问题，比如“你多大了？”“你在哪里上班？”“你平时都去干什么？”等等。你需要机智一点，学会把话题“过渡”到她身上。举个例子：

“你看那边那个女孩，她简直可以坐在她的狗上面了。”

“哈，是的，她真的很矮。”

“我喜欢狗，但不是这种大型犬。”

“是有点太大了。”

“那你都喜欢些什么宠物呢？”

“让我想想，狗狗啊，猫咪啊，还有小乌龟。”

“是吗！你为什么会喜欢乌龟？”

“Balabala...”

还有一点你不能搞混，了解不意味着骚扰。你不能总是发一些无聊的信息或是打电话骚扰她。有太多男人他们不愿意思考，所以他们通常的短信开场白都是“你在干吗？”这一类毫无营养的内容。请记住，任何类型的女人在喜欢上你之前都不愿意被有事没事的打扰。

4.传达出你的安全感,让她知道你是一个对待感情认真且坚持的男人。这一点应该从你们的第一次互相了解就要开始了。最好的方式是讲故事。这个故事最好是和你之前的经历有关，而不是其他人的故事。例如：

“我之前的女朋友在加拿大念书。我们一直很好，我曾经想过要和她过一辈子。但由于我们分隔在地球的两端，每天只能靠着 Skype 联系。有一次她去了一趟美国，但没有和我讲，我失望透了。在一个月后她给我打电话，提出要分手。虽然不忍心，也不甘心，但考虑到现实，我还是同意了。所以，如果可以的话，我希望我的下一个女人能够和我待在一起，因为这样，才能够一直走下去。”

5. 多用“我们”的框架去谈论事情。从心理学上来看，如果女人接受这个框架的话，那么她就会越来越感觉到和你的联系感很强。这个道理有点类似“谎话重复一千遍就会变成真理”一样。

简单地说，就是把“你和我”换成“我们”。比如：“你陪我去拿一下我的快递吧。”转换之后就是：“我们去拿一下快递吧。”

如果可以，一定要尽量地去谈论未来。因为邻家女孩是投资型 + 感觉型的组合，她的整个关系都是建立在对未来的期望上面。所以，你可以多用“我们”的框架去谈论未来。

第三步：约会与肢体接触

1. 投资型的女人都在寻求可以与她们保持长期关系的男人，而她要知道一个男人是否有这方面的潜力就需要互相了解。所以，你要为你们创造互相了解的机会。找一些安静舒适的地点作为你们的约会场地，这类地方有很多，比如公园、湖边或是安静的咖啡厅。

加入一些活动也是好的，因为你们不能在咖啡厅里面坐上一整天。你需要和邻家女孩去舒适安静的地方，但不限于这些地方。

2. 回避型的邻家女孩有可能会排斥你和她的肢体接触。所以，应保持肢体接触的无目的性。你的肢体接触应该是谨慎且轻微的。不要想着在一开始就能够和她发生亲密关系，而是要把注意力放在具体的约会上面，并且在约会的过程中找到可以进行肢体接触的机会。例如，搀扶着她下楼梯，挽着她过马路等等。尽可能多地加入肢体接触，但一定是要轻微的、不会引起反感的行为。

如果你们的对话已经开始进入暧昧阶段，那么你已经可以尝试去拥抱她或是亲吻她了。但是请记住，她是一个回避型的女人，她害怕承受别人的评价。所以，你需要等到进入私密场合才可以行动。这一点和冰美人一样。

3. 作为感觉型的女人，你可以尽量地去带领她，并尝试一些她没有尝试过的活动。虽然作为回避型的女人不愿意尝试她们未尝试过的活动，但是如果你能说服她，那就能够帮助你们的关系更进一步。因为她会把这一次的神奇经历和你联系起来。

很多男人不懂得如何去说服一个人。关键就在于"给一个理由"。有一个著名的实验是这样的。在一个正在排队借书的图书馆，科学家假装借书并且尝试着从这些排队的人中间插队。第一次他走上去和前面的人讲："你好，能不能让我插一个队？"结果有 80% 左右的人拒绝了他，20% 左右的人同意了。第二次他走上去和前面的人讲："你好，能不能让我插一个队？因为我上课快要迟到了。"结果颠倒了，有 20% 左右的人拒绝了他，而有 80% 左右的人同意了。第三次，他走上去和前面的人讲："你好，能不能让我插一个队？因为我需要插队。"这次的结果非常让人惊讶。同样地，有 20% 左右的人拒绝了他，而有 80% 左右的人同意了他。

这个实验非常好地证明了一点——如果你想要别人为你做一件什么事情，最好的方式就是给一个理由，甚至是站不住脚的理由。

第四步：长期关系

1. 像冰美人一样，她是一个回避型＋感觉型的女人，所以你需要引导她与你分享心中真正的秘密。让她多告诉你一些她从来没有告诉过别人的事情，作为交换，你也可以告诉她一些关于你的秘密。

2. 感觉型女人的爱语通常会是“肯定的言辞”和“精心的陪伴”。所以，你要在这两点上面下功夫，千万不要吝啬你的甜言蜜语，在所有可以夸奖她的时候夸奖她，哪怕只是一句简单的“你好美”。只要你能够一直宠爱她、关心她，她就会一直喜欢你。

3. 要让关系一直进行下去，你就得让她知道你们会有一个将来，并且更重要的是，她能够帮助到你的将来——不是切实的帮助，而是情绪上的支持。比如你可以告诉她：“每次当我不开心的时候，只要见到你，就会好起来。”

当她知道了她对你很重要之后，她会很兴奋。就像是创业团队在描述完一个宏伟的蓝图之后开始给每个人下达任务一样，她会充满信心和干劲。但是，如果你没有考虑好，请不要欺骗她。这是非常自私的行为。如果你为了能够让她在一定的时间里不离开你而对她说谎，那么日后她会很伤心。

4. 你可以多和她谈论你们今后的计划。比如你们会买一所房子；你们会在 30 岁那年游遍全国；你们会一起走在石板路上谈论你们的相识等等。这对她来说都是极具诱惑力的，感觉型的她会一直为这些想法而努力。

6.4 花蝴蝶

和花蝴蝶在一起的秘诀是轻松、好玩。

第一步：刺激

1. 基本上，如果你的外形过关，你就可以用任何一种方式去搭讪花蝴蝶。她们最大的特点就是注意力不够集中，追求好玩的东西。对于她们来说，有一个不错的男人来搭讪她本身就是一件好玩的事情。所以，她们不会像测试型 + 回避型的女人那样习惯拒绝男人的接近。只要你不紧张，保持微笑，没有企图心，那么你就不用在意应该具体说些什么。你可以用直接真诚的方式认识她，也可以由一件事物展开话题。

花蝴蝶非常喜欢去热闹的地方，比如夜店、酒吧、游乐场，或是人多的聚会。她们是派对女孩。她们有可能穿着性感，并且不在意男人的接近和肢体接触。所以，从远处看起来，她或许像是随便的女人，但事实上并不是这样。你不能在一开始就表达出你的性企图。

2. 想要激发她对你的兴趣，外形很重要，尽可能地让自己看起来有型一点。她们是注重男人外表的一类女人，如果你穿得太过老气或是太幼稚，那么你想要在第一眼就获得她的好感是不太可能了。男人的衣服比较简单，你可以在饰品上面多下功夫，去淘一些真正有品位的饰品，不需要太高档，但不能看起来很廉价。更重要的是，它必须有足够的特点能够吸引旁人的目光。

制造预选是一个非常好的办法。女人会默认被很多女人围绕着的男人是有魅力的。所以，你可以先和其他女人搞好关系，这样看起来你就不会是孤零零的，接下来你再去和花蝴蝶搭讪或是聊天就会容易很多。展示预选的方式有很多种，如果你们是在某个现场，那就先从现场的其他女人开始。如果你们是通过网络认识的，那就用照片展示出你受女人欢迎的一面。你不用担心她会认为你是一个花花公子或是做得太过了。对于一个邻家女孩来说或许存在着这样的问题，但是花蝴蝶不需要安全感，而需要好玩。

你要学会并且敢于调侃她。如果你还不会开玩笑，那就多去练习。花蝴蝶喜欢被调侃的感觉，她们最讨厌严肃的气氛，你可以尽可能地多开她的玩笑，并且不用担心她们会生气。你可以对她说“你的眼袋好可爱！”或者是“你怎么把我奶奶家的窗帘穿出来了！”等等。尽情地发挥你的想象力，让你们之间轻松一点。

别只知道开她的玩笑，也记得开自己的玩笑。一个懂得自嘲的男人是很有魅力的。记住，只要你够好玩，她就会喜欢上你。

3. 我们现在知道了，想要获得花蝴蝶的注意力并不难，难的是如何保持她的注意力。这里告诉你几个方法：站直，大声说话，保持近距离，多准备一些有趣的故事或是魔术。你需要让自己尽可能地充满她的视线，减少她被其他事物吸引注意力的可能性，并且你不用在意和她靠得太近，只要你不去侵犯她的私人空间就好了。花蝴蝶作为合理解释型的女人并不会太在意男人和她靠得很近。更关键的是，你必须有料，你不能在几句话之后就忘记自己应该说些什么了。你需要是一个能量源，源源不断地提供有趣好玩的事情。

第二步：互动

1. 最好的互动方式是发现她的兴趣点。或许听上去很容易，但是大部分男人都因为问一些采访式的问题而搞砸。注意她的细节，她的人生都写在外表上。观察她的穿着打扮有什么特别之处，然后谈论它。

和她玩游戏是不错的选择。无论是两人游戏还是多人游戏都是她们的最爱。去想一些类似“国王游戏”这样简单刺激的游戏，然后设立赌注，比如输家要请对方喝一杯奶茶等等。

她或许会因为和其他人聊天而溜走，但她不是故意的。所以，不要以为她是在拒绝你，她会记得你。再次遇到的时候，放弃上次的话题并且重新开启新话题。不要一味地问她问题，试着去聊一些轻松的、好玩的话题。记得保持微笑。

2. 你不用急着和花蝴蝶进入双人约会。如果她们还没有对你产生好感的话，你可以尽量地选择聚会来完成你们前期的接触。因为这样的方式对她来说是完全无压力的。相反地，如果你是一个很闷的人，两人约会可能会毁了你在她心目中的形象。你可以邀请你们共同的朋友一起去 KTV 或是野外烧烤。在这个过程中，你将有很多机会让她喜欢上你。就算你冷场了也没关系，还有你的朋友们会来帮你。

如果你需要和她进行单独约会，那就请记得把你们的行程安排得有趣一点，不能太过沉闷，大胆地去选择你们的约会地点。

3. 不要去追逐她，让她来追你。前半句听起来很简单，后半句则很难。事实上恰好相反。前半句很难，后半句很简单。很多男人都没有定力，他们总是急切地想要得到这个女人，并且幻想着对花蝴蝶表白之后就能够成功。然后，他们就遭遇了女人拒绝。你不能够这样，你必须做到不去追逐她、讨好她，试着把她当作一个平常人来对待，并且把注意力放在自己身上。她周围的男人都想要追到她，只要你不想，她们就会对你有兴趣。

所以，你不能快速对她表白、总是发无聊的短信、给她太多注意力、过于关心她、总想和她聊天等等。你应该更神秘一点，让她猜不透你在想什么。在她主动的时候推开她，比如她想约你下周去看电影，你可以说：“你不要这么急好不好，我还想再多了解你一点呢。”

4. 和花蝴蝶聊天没有固定的形式，你只需要记得你们的话题应该是轻松有趣的，不要去聊那些严肃的话题，例如，工作和学习。你们可以聊聊都有哪些有意思的科幻电影，或者是谁又和谁闹出了绯闻，你们各自的星座是什么，最近什么游戏最火，或是吐槽一下中国足球。你们的话题应该以广度为主，不必深究于某一个话题。所以，你需要在聊天的时候集中注意力，捕捉她对哪一类话题感兴趣，然后在这一类话题上面做延伸。

不要约会初期就和一个花蝴蝶进行心与心的沟通，这会让她们感觉到太严肃。通常情况下，可以等到你们有过亲密举动之后再开始。在这之前，她可能无法集中注意力和你讨论太深奥的话题，你只需要和花蝴蝶制造一些基本的联系感就好了。记住，玩的开心才是王道。

第三步：约会与肢体接触

1. 花蝴蝶是派对女孩，想要和她进行一连串“正常”的约会可能会很难。所以，她很可能会带上她的女性朋友来赴约或是爽约。很多时候，她也许在心里并没有认为这是一次真正意义上的约会。但是你必须抓住每一次和她相处的机会。通常情况下，只要你不介意多请一个女孩吃饭，那么即使她带着闺蜜来赴约也是没有问题的。

她们的注意力不够集中，因此她们经常会被一些其他的事情分散注意力。通常情况下，花蝴蝶在约会的时候迟到属于合理现象。更多的时候，她们甚至会忘记和你有一个约会了。事实上，你不能够把责任归咎到她的身上。如果你因为她放你鸽子而指责她的话，她就会感受到压力，并且离开你。

你需要去理解她、包容她。这是她们的天性，只要你了解了花蝴蝶的思维模式以及行为模式，你就能够利用她们的这个特点。正确的做法是完全不把她们的迟到或是爽约当一回事，因为她们并不会把它当一回事。所以，这件事情就像是没有发生过一样。忘记它，然后继续和她约会。

2. 和花蝴蝶进行娱乐活动而不是对话式约会是一个很好的选择。如果她还比较年轻，那么她是不愿意去一些严肃正经的地方的。她们喜欢刺激、新奇、好玩的地方，甚至是一些很傻的地方。如果你生活在海边的城市，出海是一个不错的选择。如果你在北方，滑雪场可以给你增添许多乐趣。如果你不能够依靠大自然来设计约会场所，那么就细心一点，去发现你所在城市里面有哪些好玩的地方。

酒吧是一个很好的选择。酒吧基本满足了花蝴蝶所有的需求，如果她愿意的话，你们可以去一些闹一点的酒吧一起放松一下。这里有一个前提，如果你对酒吧不熟悉或是有着本能的抗拒，那么最好不要选择这里，不然你的目标很有可能会被酒吧里的其他男人抢走。

不要和花蝴蝶太严肃或者太理性，而要去享受你们的每一个瞬间。注意周围的环境，以周围环境来进行有趣和即兴的对话。

3. 如果你之前都做得不错，花蝴蝶是不会抵抗你的肢体接触的，甚至会主动来触摸你。所以，你不必把肢体接触放在心上，集中你的注意力，优先让你们的约会氛围好玩起来。你不能对花蝴蝶表达太多的性企图，因为她身边的男人们大多数都会想要和她发生性关系。事实上也有很多人尝试过并且失败了。所以，你必须表现得不一样。只有这样，你才有机会和她进入更深一层的关系，不然的话，她会在关键时刻把你踢开。

花蝴蝶特别喜欢刺激，所以你可以采用一些动作较大的肢体接触，例如把她从后面抱起来转圈。这样的动作会让她感到兴奋。但是注意，你不能为了抱她而抱她，那会显得很猥琐，而应该为了做到某件事情才将她抱起来。在娱乐的过程中完成肢体接触。

最合理的和花蝴蝶的亲密关系进程应该是这样的：前期都是一条平稳的直线，在某一个关键点的时候突然上升，而峰值就是你们的性关系。在峰值时刻你可以强势一点，只要是为了好玩去进行的肢体接触就没有问题。

4. 你可以在你们的约会进程里面做一些“意料之外”的事情。比如你们正在逛街的时候谈论到了 10 公里以外的一家新开的主题咖啡厅，并且你们都很感兴趣。即使你们接下来的目的地不是那里，你也可以主动提出改变计划，把接下来的目的地改为那家主题咖啡厅。又或者你们在约会的途中发现了一个和父母走散的小女孩，这时候你们可以抛弃原先的计划安排而选择帮助这个小女孩找到她的父母。

这些“意料之外”的事情本身就是一种刺激。所以，能够在约会的时候发现并利用这个机会将会给她一种奇妙的体验，并且这种体验是和你联系在一起的。

第四步：长期关系

1. 你一定不能去尝试控制一个花蝴蝶。她们是需要自由的一类型女人。如果你只想着自己的感受而不让她出去社交的话，她很快就会飞走。所以，你不能懒下来，即使你和一个花蝴蝶进入了一段恋爱关系，你依然要做一个有趣好玩的人，在周末的时候和她去发现一些刺激的事情。换句话说，你依然要让自己作为整段关系的核心——做火焰而不是做飞蛾。

或许她身边还会有各式各样的男人存在，你不能要求她为你舍弃她的朋友，你要把他们当作自己的朋友一样来看待。敌意和矛盾只会让她觉得你很小气并且很弱，如果你能够站在一个更高的视角来看待她的生活，把她当作女儿一样对待，你们就可以一直走下去。

2. 在你们的长期关系中，花蝴蝶依然会有着各种各样的社交机会。你不能对她有强烈的需求感，比如总是想和她待在一起，或是给她发太多的无聊短信。你的关心应该是没有压力的，也就是不求回报的关心。

如果她和其他男人意外地发生了亲密关系，你最好能够原谅她，不然的话，她很容易用逃避你的方式来为自己合理化。这不是一件容易的事情，想象一下到底是原谅她给你带来的痛苦更大还是分开对你的伤害更深再做决定吧。

3. 永远不要停止提升自己，通常花蝴蝶选择和你在一起是因为你身上有她可以仰视的地方。你需要一直前进，让她尊重你并且崇拜你。通常作为一个理智型的女人她会把你和其他男人进行比较，但花蝴蝶更多的是拿你和她自己比较。所以，只要你能够领导她就没有问题。

4. 虽然和花蝴蝶的整段关系应该以有趣、轻松、好玩为主，但是她作为感觉型的女人也需要浪漫。你必须时不时地为她制造出一些惊喜，这有助于你一直保持她的注意力在你身上。你们也可以去一些惊险刺激的地方旅游，在飘雪的山顶上对她表达你的真心或是在安静的湖面接吻都是很好的体验。

6.5　灰姑娘

直接、真诚的方式最能够打动灰姑娘。

第一步：刺激

1. 去搭讪一个灰姑娘和搭讪一个邻家女孩很类似——真诚、直接的方式是最好的。作为投资型的她更喜欢有诚意的接近方式。如果她是被突然搭讪的，很有可能会下意识地拒绝你。所以，在你和她搭讪的时候语速慢一点，停顿多一点，这样可以给她更多的缓冲时间。比如：“你好，我刚刚在那边看到你，我觉得你很特别，所以我想要过来认识一下你。当然，如果你觉得尴尬也没关系，我可以离开的。”

2. 你们聊天的初期你就可以尽可能多地加入赞美。她会觉得很兴奋。你不能够直接说“你好漂亮”或是“你气质真好”。这样的赞美，女人听了太多，已经没有说服力了。赞美的方式有很多种，最好的方式是通过观察细节来完成赞美。比如："我在其他地方也看到过女生穿这件衣服，但也许是因为身高，你比她要好看多了。"或者是："我只在时尚杂志上面看到过有女生会这样围围巾，你真的很有品味。"

3. 和邻家女孩一样，在一开始的时候，你不能表现得像一个花花公子或是情场高手。她觉得这一类男人特别没有安全感。她们知道这类男人对女人非常在行，也有很多女孩喜欢这类男人，所以灰姑娘不相信这样的男人能够陪她一直走下去。

和花蝴蝶一样，灰姑娘会对外形优秀的男人产生好感。所以，你可以穿得尽量精致一点，去买一条符合你气质的皮带或是一块素雅的手表。灰姑娘不喜欢太过老土的打扮。作为感觉型的女人，她们会对那些韩国电视剧里面的男主角更有好感。

4. 记住，面对一个投资型的女人，并且在她喜欢上你之前，你最好都把她当成重心。也就是说，你要把自己放在配角的位置，经常为她着想，考虑她的感受，拿出真正"追"女孩的姿态来。这和面对测试型是截然相反的。换句话说，投资型的女人更容易用传统的追求方式追到。讲话的时候看着她的眼睛，如果她说的比较多就好好做一个倾听者，把话题放在她身上而不是自己身上。

第二步：互动

1. 在聊天的时候，尽量地把话题放在她身上。因为灰姑娘是合理解释型的女人，所以你不用担心她有什么难言之隐。只要不是太过私密的事情，她们都愿意拿出来与你分享。所以，你可以尽量地去聊关于她生活的话题。如此，你可以尽可能多地了解她，同时也会让她感觉到自己正处于中心的位置。

重点不在于聊事实，而是感觉。比如，她曾经因为摔伤而失去了考大学的机会。你不应该花太多的对白放在她摔得有多么严重或是因为何事摔伤，而应该表达你对这件事情的惋惜之情。想要表达你对某件事情的理解和感受可以通过共鸣的方式。简单地讲就是，当她说完她的故事之后，通过讲述自己类似的故事并且说出你对这一类事情的感受和看法来达到共鸣的效果。仅仅是说一句“我理解，那真的很可惜”是不能够让对方感受到你真的理解的。正确的做法是讲一个自己的故事，最后再加上“所以，我理解你的感受”。

在对话的时候注意避免逻辑性的问题，感觉型的一面会让她觉得聊那些东西很无聊。

2. 你可以去开她的玩笑，但是记住，你的玩笑应该是温暖而积极的。不要对她的某方面缺陷做人身攻击。这听起来很简单，事实上很多人都做不好这一点。你需要用正确的语气语调才可以，只是平铺直叙的话，对方是听不出你到底是在开玩笑还是真的这么认为。

3. 和回避型的女人不一样，在你们单独约会的过程中，加入性元素可以使她兴奋并且加快你们的进程。在之前我们就提到过灰姑娘喜欢有激情和热情的男人。你不能表现得像是一块木板，而更应该像是一块海绵。她很喜欢那些在语言和情绪上就能勾引起她欲望的男人。

性元素意味着很多，比如一些轻微的情色笑话，那些穿着暴露的女人或是男人，或者是你们各自对性的看法等等。如果一个灰姑娘愿意和你单独出来约会，那就意味着她多少是对你有一些好感的。所以，你必须要过得去自己这一关。虽然不加入性元素也不会影响你的成功，但是如果你想要快速地和她确定关系，这是一个不错的选择。

第三步：约会与肢体接触

1. 就像是面对所有合理解释型的女人一样，在和灰姑娘约会的时候你不能够表现得你非常想要和她发生亲密关系，也不要去关注她的美貌。当她认为你只是想要得到她的身体时，她就会离开。

很多男人搞错了一点，他们认为一个合理解释型的女人会更喜欢男人直接进入主题。事实上恰好相反，这是因为她们并不看重性关系（把性在心目中的位置降低），所以她们也不希望你太看重性关系。她们更加喜欢让性自然而然地发生。

所以，你和她约会的时候应该把注意力放在约会的整体感觉上面——去玩得开心，分享彼此的经历和感受。只要她处于单身状态，那么她就很容易喜欢上你。到了那个时候，性也就能够自然而然地发生了。

2. 你们的对话更应该集中在过去或者将来，而不是现在。她们感觉型的一面使她们对那些虚无缥缈甚至是无意义的事情更加有兴趣。所以，你和她在一起的时候可以更多地谈论你们的童年，或者是曾经开心的时光以及失落的时刻。除此之外，也可以交换你们对未来特别是婚姻的想法。如果你们能够达成共识，那么你们就有了强烈的联系感。在这之后，你在她心目中的地位就已经不一样了。

在这里还要补充一点，你可以尽可能地和她进行面对面的约会。投资型 + 感觉型的组合决定了她们是特别需要另一半的女人，并且合理解释型的特质决定了她们对你提出的冒险不会有很强烈的抗拒。所以，这能够加快你们进入恋爱关系的进程。

3. 和花蝴蝶不一样的是，如果你们有机会进行亲密举动的话，那么就把握好这个机会。你不用像对待花蝴蝶一样去推开她，如果她主动对你进行肢体接触或是暗示你，那么你就可以大胆地去做。投资型的她如果喜欢上了一个人，那么她就不会做任何防备。

你需要有足够的直觉判断什么时候是合适的时机，其他的时候你必须把注意力放在其他的方面。如果你能够在你们的约会中加入性元素，这一类机会会有很多。

让她兴奋的很好的一个方法是用眼睛去扫视她的颈线——那些从肩膀到脖子的敏感点。你可以在她说话的时候这么做，但是你的视线最后一定要回到她的双眼上。

4. 对于灰姑娘来说，任何的约会形式都是可以的。所以，你可以不断地切换对话式约会和活动式约会。你可以带她去动物园、打桌球、咖啡厅、清静的酒吧、散步，或是让她做饭给你吃。基本上她们不会太在意约会的形式，而是在意和谁在一起。

第四步：长期关系

1. 你不能够做的一件事情是猜疑。你不能够担心她会离开你，总觉得她会和其他男人发生暧昧关系，这样的话她会没有安全感，并且看不到你们之间的未来。虽然她会穿着性感的衣服出门，但是如果她和你确定了恋爱关系，她就会忠于你。

2. 感觉型的女人的爱语通常会是“肯定的言辞”和“精心的陪伴”。所以，你要在这两点上面下功夫，千万不要吝啬你的甜言蜜语，在所有可以夸奖她的时候夸奖她，哪怕只是一句简单的“你好美”。只要你能够一直宠爱她、关心她，她就会一直喜欢你。

3. 要让关系一直进行下去，你就得让她知道你们会有一个将来。灰姑娘是非常期待稳定的感情生活和结婚的一类型女人。所以，如果你确实有这方面的打算，你可以大胆地告诉她你对你们未来的计划和憧憬，并且朝着这个方向努力。但是，如果你没有考虑好，请不要欺骗她。这是非常自私的行为。如果你为了能够让她在一定的时间里不离开你而对她说谎，那么，后她会很伤心。

4. 你可以尽量地挖掘她的性潜力。在所有类型当中，灰姑娘和勾引家是性尺度最大的两种类型。所以，你需要发挥自己的想象力，与她多去创造一些有趣的体验。

5. 尽可能地对她好一点，经常照顾到她的感受。这一类女人在伤心难过的时候或许不会表达出来，但是她们依然会留下蛛丝马迹。你需要去发现它，然后解决你们之间的问题。她们是很敏感的一类型女人，如果你有忽略她或是背叛她的行为，她们很容易察觉到。所以，你需要在努力的同时把她捧在手心，只有这样，她才不会离开你。

6.6 勾引家

和勾引家对弈是一件令人兴奋的事情。她们是聪明的女人，秘诀就在于永远不被她勾引到。

第一步：刺激

1. 每一个勾引家都见过很多男人，她们知道男人的弱点在哪里。所以，你在接近一个勾引家的时候必须拥有强大的自信。对于一部分没有太多经验的人来说这很难，需要你经历过很多女人之后才能够拥有。如果你的自信是伪装出来的，那么很有可能会在、后被她识破。当她看穿了你的弱点之后，她就会对你失去兴趣。

你可以通过心理暗示来达到这个效果，不断地给自己传输正面意识，多想想以前成功的经验。虽然它无法让你直接成为一个有自信的人，但却可以在一定时间内帮到你。

当然，勾引家不会去勾引每一个男人，她们只会对那些看起来有魅力或者是有很高的社会地位的男人感兴趣。预选是最好的方法。进化心理学证明了女人都更加看重男人的内在而不是外表，并且女人会默认被其他女人围绕着的男人是有魅力和有价值的。所以，如果你是在一个社交场合遇到了一个勾引家，那么你可以先和其他女性打交道。当她看到你穿梭在女人们之间的时候，她就会觉得你身上一定有什么特质能够让其他女人都喜欢你。除此之外，你还可以通过讲故事的方式来传达出来你很受女人欢迎。比如：

“最近也不知道是怎么了，总有女生告诉我她们要离家出走。我劝她们好好和家人沟通，可是都不起效果。其中还有一个女生像是发了疯似的让我陪她去酒吧喝酒。所以我想问你，是不是女孩都会有这样的想法？”

2. 勾引家非常享受男人被她吸引的感觉。大多数的男人都站不住几回合就被她撂倒了。她会在不同的时候给你一些甜头尝尝，如果你完全上钩了，她就会对你失去兴趣。所以，你一定不能透露出你对她很感兴趣。追求勾引家的方式和追求邻家女孩的方式是截然不同的。通常一个受欢迎的勾引家都非常漂亮，其他的男人都会来称赞她的美丽。所以，你不能这么做。恰恰相反，你要不把她的美貌当一回事。当她发现只有你不被她的美貌吸引的时候，她就会想要来勾引你。

如果你们已经开始对话了，那么你可以问她：“现在美女太多了，你觉得你除了漂亮之外还有什么其他优点？”这样能够体现出你并不是一个在意女人外表的人，而她一直都在寻找这样的男人。

或者是用一种平淡的、不带挑衅意味的语气说：“你今晚看上去还不错。”然后转过头看其他地方。她就会想，还不错？我看上去只是还不错？这个男人到底是什么人？

在对话中，你应该把焦点放在自己身上，如果你总是想要去了解她或是问她问题，那么她就会感觉到你对她有兴趣。所以，你应该更多地谈论自己的经历，并且展示出你是一个不缺乏异性缘的男人。不用去太注意她，当你在对话中展示出你有魅力的一面时，她就会想要来挑战你。

3. 作为理智型的女人，勾引家喜欢社会地位较高的男人。如果你很有钱，那么你很容易从她那里获得注意力。但是如果你没有足够的实力，那就想想如何让自己看起来有社会地位吧。在穿着上，成熟一点的装扮可以帮助你看起来更有社会经验。你不需要那些闪亮的饰品，也不需要大量的名牌，你只需要让自己看起来像是一个社会精英就可以了。

你的言行举止应该是成熟且大气的。你不能总是说一些网络笑话，也不能对谁都卑躬屈膝。你要记住你是一个成熟且友善的男人。看看电影里面的那些商界精英在社交场合是如何表现的，你或许能找到一些灵感。

第二步：互动

1. 和勾引家相处，你需要一直保持冷静。请注意，冷静不意味着没有情绪，而是当突发事情来临的时候，你能够从容地面对它。比如，当你们吃饭的时候突然发现你忘记带钱包了，你不应该慌张，你有 20 种方法来解决这个小问题。或者是当她喝得意乱情迷的时候，你不能乘人之危，而应该把她顺利地送回家。

你也不能够有需求感。当她不回你的信息时，你不能一连打好几个电话问她在哪里，也不能因为冲动而跑去找她。她们喜欢有自控能力的男人，这种小男孩的行为会让她们感到非常厌恶。你也不能够总是想着和她聊天，一个没有生活主线的男人是勾不起她们的兴趣的。

2. 获得勾引家的兴趣很简单，因为她喜欢追逐和勾引，这是她感觉存在的方式。其他的男人都想要得到她，只要你不想，她就会想要征服你。

她们喜欢拥有强大的心态的男人。自嘲是一个好方法。大多数男人只会去嘲笑别人，通过嘲讽别人的缺点来提升自己的形象。这是非常卑微也是非常弱的手段。也许一些没有经验的女人会相信这一套，但勾引家绝对不会相信。她们看过太多男人了，她们一眼就能看出嘲讽别人是一种真正的自卑，敢于坦诚地面对自我缺陷的男人才是真正拥有强大自信的男人。所以，你可以经常通过开自己的玩笑来展示这一点。

不要去吹嘘自己的长处，也不要伪装得毫无缺陷。她们知道，每一个人身上都有缺点，与其让她们来发现，还不如通过自我调侃的方式让她们知道。

3. 和勾引家聊天的具体内容可以很广泛，基本上她什么都可以聊。除了一般女人感兴趣的话题之外，你可以关注一下她对哪些领域特别感兴趣，然后就这些领域说出你的看法。举个例子，如果一个勾引家对如何开一家咖啡厅很感兴趣，那么你就应该告诉她现在的咖啡厅行业是什么情况，想要成功地开一家咖啡厅需要哪些条件，如何选址等等。如果你能够说得头头是道，那么她就会对你感兴趣。

和勾引家能谈论的另外一个不错的话题是性。一般的男人和这样性感的女人谈论性会很激动，所以你必须保持冷静。如果在谈论的过程中你显得很兴奋或是很想和她去做点什么，她就会知道你不是她要找的那个人。她需要知道你有耐心，所以在对话上不要搞砸了。不要让她觉得你对她很有兴趣，也别在性方面探讨得太深。谈论性应该像是在谈论你最喜欢的球队一样。她喜欢有激情的男人，但要注意色情和激情的区别。

你不用回避逻辑性的话题，相反地，她会认为这是一个男人成熟的体现。也就是说，在你们讨论专业话题之余，也需要一些轻松愉快的话题。

你可以公开地谈论你的目标、你的兴趣，这些都会给你加分，并且你的目标应该是具备可实现价值的。别忘了理智型的女人对虚幻的事物没有太大的兴趣。如果你能够让她加入到你的目标中来，那就更好了。比如你的目标是垄断当地的酒店行业，如果她能够帮你提供一些资料的话，你们的关系就会更进一步。

你也可以谈论你的失败，以及你尴尬的时刻。因为当一个人能够云淡风轻地看待自己的失败时，就意味着他已经从失败的阴影里面走出来了，并且会显得很有自信。但唯独你不能告诉她你从来没有在女人身上成功过，不然你之前做的预选都会化为泡影。

和灰姑娘一样，勾引家是属于尺度较大的一类型女人。所以，你可以尽早地在话题中加入性元素。

4. 有一件事情非常重要，即在关键时刻推开她。这是追求勾引家的过程中最考验男人的一点。大部分男人面对一个主动勾引他的美女都没有抵抗力，他们会在一瞬间沦陷。也就是这一瞬间，她会对这些男人失去兴趣。

有这样的失败的案例：一个勾引家主动带男人回到家门口，在楼底下女人主动拥抱男人。但就在这个男人想要上楼之前，女人主动地提出让他离开，并且再也没有给他机会。

也有成功的例子：一个勾引家主动将手伸入男人的衬衫里面，但这个男人却主动把她的手拿了出来，并且告诉她“你不要太心急，我们还不是很熟”。也就是在这之后，他们真正地恋爱了。

第三步：约会与肢体接触

1. 在约会的时候，你需要把她当作一个平常人来看待，她或许很漂亮或者气场很强，你不能被这些吓到。你看待她就应该像看待你的高中同学一样——你并不想从她身上获得些什么，你也不用去讨好她。

勾引家是非常理性也非常执着的一类型女人，如果一些问题让你们意见不合，请不要试图证明你是对的。这会显得你不够大气。一些男人在和勾引家约会的时候经常就某些问题发生争论，女人觉得她是一个有独立思维的女人，和那些小女孩不一样，而男人觉得自己作为男人总是正确的。你不能有这样的心态，试着让着她们一点。这不仅能够化解矛盾，还能体现出你的成熟。

2. 勾引家或许会嘲讽你。这是非常有可能发生的。如果你能够冷静地面对并且机智地化解，那么她一定会喜欢上你。她们很多时候并不是出于恶意，这是她们给你的考验，她们想要知道你是否足够成熟并且能否巧妙地化解这些危机。很多太过认真的人都失败了。最好的方式就是一笑而过——完全不把她的挑衅当一回事。比如：

“我觉得你太娘了！”

“是啊，我也觉得我上辈子一定是个太监。”

如果你没有反应过来，当然你也可以装作没听见，然后转移话题。这都是不错的方法。记住，如果你开始认真了，那么你就掉进了她的圈套。因为你已经开始试图向她证明你自己。还记得我们说过的吗？只把她当作平常人对待就可以了。

3. 和所有的类型都不一样。建议不要去主动对一个勾引家进行肢体接触，而应该等她来主动触摸你。勾引家是最不把肢体接触当一回事的一类型女人。如果她对你感兴趣，她就一定会来挽你的胳膊或是主动和你拥抱。所以，你不用冒着被她拒绝的风险去主动触摸她。

有一点要注意，如果她主动地来对你进行肢体接触，你可以选择推开她。这会让你加分，并且她会认为你和其他男人不一样——其他男人都急于和她发生点什么，而你却不为所动。然后，她们就会觉得你很有意思。

记住，她不是你征服的对象，你才是她征服的对象。

4. 你们的约会最好要有一个鲜明的主题，而不是传统的看电影之类的约会。这有助于你邀约成功。因为她把自己的时间看得很重要。如果约会不能够带来什么实际的价值或是学到什么东西，而她又对你不感兴趣，那么她是不太愿意出门的。

最好的方式是你们一起去完成一项工作。比如，让她来顶替你给学生们上半天的钢琴课，然后为了感谢她请她吃饭。或者是你陪她一起开车去4S 店做保养。当然，你们也可以一起去听一些讲座或是难得的演唱会。总之，你需要让她感觉到她的时间花得值得。

这些都可以顺利地把她约出来，如果这些都办不到，那就按你自己的模式来吧。

第四步：长期关系

1. 你永远不能够对她产生依赖。勾引家是非常有魅力的一类型女人，很多男人都会为她痴迷。但是你不可以，你必须让她痴迷于你。所以，你在长期关系里面不能够给她压力。放弃那些无谓的短信和电话吧，也不要想着总是和她待在一起。她需要有自己的空间，也需要你有自己的生活主线。

2. 勾引家的爱语通常会是“服务”和“送礼物”。所以，当你想要表达你对她的感情的时候，你不能一味地对她说甜言蜜语。那会起到效果，但是是轻微的。你更应该在现实的层面上帮助到她，比如，帮她考取公务员，或是送她一些她一直都想要的东西。

你不用向她太频繁地描述你们的未来。她更看重当下。和感觉型的女人不一样，她们对男人的承诺看得非常透彻，不会一味地相信那些虚幻的许诺。相反地，如果你太执着于这些，她们反而会认为你不够务实。

3. 你需要越来越强大。因为她们身边总会充满着优秀的男人，所以你不能够停止提升你自己。不然的话，她就很有可能被其他男人抢走，并且，她不是你错过了还能够追回来的女人。当她感觉到你的脆弱之后，她就会离开。

4. 尽可能地让她来帮助你的事业，这会让她感受到自己在这段关系里面是重要人物。你不能够把她当作女儿一样对待。勾引家应该是你的同伴、队友。

6.7 女教父

在通常情况下，女教父喜欢有社会地位的男人。有时候她也会想要照顾一个“小男孩”。

第一步：刺激

1. 对于金字塔中下层的男人们来说，追求一个女教父会比追求其他类型的女人都要难上许多。和其他女人一样，女教父看重一个男人的综合实力。但在这些综合实力当中，首当其冲的是社会地位和财富等级。所以，想要吸引一个女教父，你需要在这方面多下下功夫。如果你实在达不到她的标准，你也可以表现出你是一个拥有这方面潜力的男人。但假如你是一个成熟稳重并且富有的男人，那么想要获得女教父的注意力是一件很容易的事情。

如果一个女教父很漂亮，那么她会占尽女人世界中的所有优势。她上进且有能力，能够吸引男人，又懂得社交技巧，而且她与生俱来的高贵气质会让很多男人都心驰神往。

2. 对于女教父来说，如果你不是有足够的把握，那就不要直接进入追求阶段。你应该先和她成为朋友。虽然女教父不喜欢一些实力弱小的男性追求者，但如果你只是想要和她交朋友，她是不会拒绝的。她们心里知道每个人都有利用的价值。

所以，你去搭讪一个女教父的时候，一定不能用直接的搭讪方式，更应该采用情景搭讪的方式。简单地说就是，借用周围的事物不经意地开启话题。

发挥你的观察力，去寻找一切可以作为开场白的事物，然后展开对话。

3. 如果你们已经开始聊天了，注意不要去问她太多关于她的问题。测试型 + 回避型的组合使她不愿意和一个刚认识几分钟的男人分享她的隐私。你更应该把话题放在周围的环境上面，这样的聊天方式不会让她感觉到压力。当然，这需要考验你的联想能力。你也不能够吹嘘你自己，她们和勾引家一样，测试型 + 理智型的组合让她们经历过许多男人，并且也能够从蛛丝马迹中分析出事实。别着急，试着先和她成为朋友。

如果你想称赞她，确保不去赞扬她的美貌。你可以对一个投资型女人称赞她的衣着搭配，但是对于一个测试型来说，她不喜欢听到这些。特别是女教父，如果你不是她喜欢的那个人，她就不想自己被当作一个性感尤物。

或许她会和不同的男人暧昧，但通常女教父的感情经历不会很多。因为她们的标准太高了，加上她们属于回避型，能和她们发生亲密关系的男人少之又少。所以，你需要表达出不一样的思想。比如你可以告诉她："我平常不会很容易就相信一个女生或是一段感情，我觉得需要多观察一下，如果那个人值得你投入时间，那很好，我们可以试试。如果在一开始我就认为她不值得，那就不要去浪费时间了，毕竟大家都很忙。"

在前期，你必须谨慎一点，尽量不要说错话，避免落入备胎的行列。

4. 去接近一个女教父的时候最好确保你的打扮足够成熟，她们不喜欢那些穿着轻浮或是带着学生气的男生。这样的印象会让她觉得你是一个还没有长大的小男孩。通常休闲衬衫和西服的搭配就很好。注意你的发型，女教父接受不了她的男人是不注意细节的人。所以，你需要好好地打理好你的头发、修理好你的胡楂。总而言之，你必须看起来像是在社会上混得不错的那一类人。

第二步：互动

1. 和女教父聊天对于某些男人来说或许会更加轻松。因为你不需要用女人的思维去和她们交往。女教父可以和你聊足球，聊政治，聊工作，聊旅游，聊感情。基本上你可以把她当作你的哥们儿一样来聊天。这也是很多人搞错的地方，他们将女教父当作小女孩来对待，这会让她感觉很不适应。

当然，每个人都会有特别感兴趣的领域。试着在聊天的过程中去发现她最喜欢的话题，然后发表你的看法和意见。如果你能够在她感兴趣的领域有一番建树，那么她很快就会对你感兴趣。所以，这很考验你的知识面和涉猎程度。这也就是为什么那些成熟的甚至是年长的男人更容易获得女教父的好感的原因。

你唯一不能涉及的话题就是性话题。是的，直到你和她发生亲密举动之前，你最好都不要提及性话题。女教父对这一类话题特别敏感并且反感。当你们建立了足够的联系感之后，你会有机会和她发生亲密接触的。

2. 你不能够在和她聊天的时候给予她太多的注意力，你更应该把焦点放在展示自己或是周围的事物上面。如果你太过关心一个女教父的隐私，她就会产生抵触情绪。假如你们正在谈论性格，那就多说说你自己的性格，并且告诉她因为你的性格都给你带来了哪些好处和坏处。在这之后，你就可以去问她关于她性格的问题了。如果她不愿意聊太多，那就换个话题。

3. 女教父对于“我们”这个框架反应很强烈。去创造一个你和她是一起的框架，不管你们做什么，都把“你”和“我”换成“我们”。角色扮演这一类技巧没什么太大效果。因为对于一个极度理智型的女教父来说太梦幻了。事实上，去做一些你们可以一起完成的事情会更有效，比如帮她在偌大的书店里面找到一本绝版书籍，或是一起去看看明天的会议场地是否合适。记住，她是个理智型的女人。

多做一些这样的事情会给你们一种“经历了很多”的感觉。吃饭、看电影这些老式的约会项目太普通了。一个投资型女人追求深度上的延伸，而一个测试型女人希望广度上的延伸。

第三步：约会与肢体接触

1. 女教父对于性关系的对象会相当慎重，所以你一定不能激发起她的防护罩，不然就会让你之前的努力付之一炬。当她意识到你只是想要得到她的身体时，你就再也没有机会了。所以，和她在一起的时候尽量地去寻找安全的肢体接触时机。例如，她让你扶着她以便她不会摔倒，或是在快要赶不上电影的时候拉着她的手快速向前。如果你真的找不到这样的时机，那么即使你不去对她进行肢体接触也是可以的，只要她认可你的内在，你们就会发生亲密关系。

2. 和她约会的时候多转换场地，这有助于增加你们的聊天话题，并且能够让她有和你经历过很多的感觉。在转换场地的同时让她加入进来是最好的方式。你们需要共同去完成点什么事情，这样她才能够有参与感。你可以自己来开车，但把查地图的任务交给她。你也可以让她请你喝饮料，你去负责买电影票。

你不能什么事情都揽在自己身上，也不能什么事情都不管。记住，你们是一个团队。

有时候女教父会主导约会的走向，她骨子里强势的一面会让她涉足很多她看不顺眼的事情。一般这种情况有两种原因：一是她完全没有把你当一回事，并且已经不考虑你的感受了。二是她觉得已经和你非常熟悉了之后就会按照自己的感觉来。如果是前者，那说明你前面一定有什么地方做错了。如果是后者，你这时应该把注意力放在制造深层次联系感上面了。

3. 无论你们去做什么，都把她当作你的队友一样看待。你不能够是她的小弟，也不能够是她的老板。在准备做任何事情或是去任何地方之前都询问她的意见，但是你不能被她完全带领。你依然拥有最终的决定权，只是你需要照顾到她的感受。

第四步：长期关系

1. 要长期地留住一个女教父，你必须做到以下两件事情：第一，拥有超过她的社会价值和地位，并且你需要达到她期望的标准。女教父是极度看重现实的一类型女人，如果你承担不起一个男人的责任，那么她是不会长期和你过下去的。第二，当她和你进入长期关系之后会对你付出很多，你必须去珍惜它，而不是把它当作理所当然的事情。

2. 女教父的爱语通常会是“服务”和“送礼物”。所以，当你想要表达你对她的感情的时候，你不能一味地对她说甜言蜜语，那会起到效果，但是是轻微的。你更应该在现实的层面上帮助到她，比如，帮她考取公务员，或是送她一些她一直都想要的东西。

3. 你不能够没有追求。不管你的财富实力是否强大，你都需要一直有追求。这个追求可以意味着很多。比如，学习钢琴并且在三年后尝试第一次公开演奏，或者是存钱买一辆跑车，然后加入当地的跑车俱乐部，也可以是帮助她实现她的梦想等等。你一定要让她知道你有着明确的目标和详细的计划，并且你正走在这条路上。把你的目标描述得实际一点，她不会相信太虚幻的事情。

4. 你需要尽可能多地和她发生性关系。女教父的感情和性是联系在一起的，交出了性，也就意味着交出了感情。但是你不能够强迫任何一个女人，绅士一点。多动一些脑筋，比如把你们的卧室装扮得温馨一些，显得有情趣一点。一切都要慢慢来，让性自然而然地发生。

6.8 鉴赏家

鉴赏家是最好的妻子，所以你需要成为一个最好的丈夫。

第一步：刺激

1. 鉴赏家和邻家女孩以及灰姑娘都有着极其相似的部分。作为投资型的女人，你应该用真诚、直接的方式去搭讪她，但是你不能够太多地称赞她的外表。她们是非常注重内涵的女人，就像她们的名称一样。不然的话，她会认为你是一个只看重女人外在的男人。如果有这种意识在她脑海里滋生，那么你就失去了和她发展一段长期关系的机会。

你应该告诉她，是她的某些特质吸引了你。比如，她的优雅，她的品味，或者是她的亲和力。如果你们是在一个社交场合认识的，那么你可以对她说："我远远地就看到了你，我觉得你看起来很高贵，但又很有亲和力，所以我想来和你交个朋友。"

记住，一定要给一个理由。如果你只是上前并对她说"嘿，能不能给我留一个你的电话"这一类台词，她很快就会意识到你只是想要得到她。

2. 鉴赏家通常都是有着很高标准的女人，她们对感情很谨慎，不会随便和一个男人发生亲密关系。所以，你需要让她知道你也是一个具有高标准的男人，这样可以让你们快速地产生联系感并且聊上。

展示你拥有高标准的最佳方式依然是讲故事。这个故事一定要是正面的、不经意的。比如：

"从小到大我只爱上过一个女人，我和她是在一个沙龙上认识的，在之后的很长一段时间里我们都在互相考察对方。因为我和她都害怕太快地进入一段感情，也害怕对方身上的隐形缺点会让两个人都失望。其实到最后我们也没有找出对方身上的缺点，但热情却流失了。现在她是我的搭档，我们在筹划一个很棒的项目，是关于爱心基金的。对了！你喜欢小孩子吗？”

3. 你绝对不能够在和她聊天的初期就透露出攻击性和性意味。她们不喜欢那些脑袋冲动的男人，有一些男人，他们能够用热情和执着感动一个女人。但是鉴赏家不喜欢这一类男人，她更喜欢成熟稳重型的。所以，你不能够表现得像是那种坏小子一样，并且想要快速地和她确定关系。这对作为男人的你也是有好处的。相信喜欢鉴赏家的男人都渴望一段长期、稳定的感情。所以，你也不希望“来得太快，去得也太快”吧。

另外，鉴赏家和女教父一样，都极度排斥性。她们思考得比感觉型的女人更多。一个邻家女孩在听到一个与性有关的笑话时，她的注意力很可能会放在笑话本身，随之哈哈大笑。但是作为理智型的女教父和鉴赏家对于笑话这一类能够刺激情绪的事物并没有太大反应，她们反而容易看到一些其他的东西。所以，你不能够在初期就加入性元素。

4. 记住，鉴赏家是完美的妻子。所以，你看起来也得是一个完美的丈夫。那么你就不能穿得花里胡哨的或者是太过耀眼。放弃那些奇怪的饰品吧，那只会让你减分。你也不要太稚气。理智型的女人都希望她的男人是足够成熟的，至少看起来是。

所以，正常一点、整洁一点就好。如果你没有一套合身的西装，那就赶紧去订做一套。不然她也许会认为你穿着你老爸的衣服出来约会。修理好你的胡子和头发，别让自己看起来像是做行为艺术的。

第二步：互动

1. 你可以和鉴赏家聊除了性话题以外的很多事情，谈论你对事业的激情和目标。这会让她感到些许兴奋。但是请不要吹嘘自己。如果你已经很成功了，那就让她知道你除了钱以外还有很多追求。同时也别忘了去谈论她的工作和事业。她是投资型的女人，你需要让她感觉到你想要去了解她。注意，不要太隐私。

但是别忘记了，你是在约会，而不是在开会。四个小时的过程中你不能够每分每秒都停留在工作上面，在这些话题之后你应该加入一些轻松有趣的话题——女人都喜欢的话题，比如星座、电影、旅游等等。

2. 面对感觉型的女人，也许你的称赞就会让她心花怒放了。但是理智型的女人天生不太相信这些。特别是鉴赏家这种回避型 + 理智型的组合，她们对自己有着清晰的认识。所以，你应该把称赞转换为欣赏——发自内心的欣赏。

你需要告诉她为什么你欣赏她，而不是一句空洞的台词，要表达出你对她能力的惊讶。这样她就能够感觉到你和那些肤浅的男人不一样，而是能够真正欣赏并懂得她的人。

3. 这类女人有目标，她们为了事业和未来去学习她真正感兴趣的东西，而且对于自己能够养活自己很骄傲。去问她相关的事情，并且分享你自己的看法与她共鸣。如果她专门学习过沟通技巧，那么你可以在这个话题上一直深入。去问她为什么想要学沟通技巧，学了之后给她的生活带来了什么样的变化等等。然后分享你学习某样技能的经历。

谈论工作和学习对于理智型女人并不无聊，这也是一个投资型需要的——她需要了解你，她也想要你了解她。这样她就能知道你们有没有未来。

第三步：约会与肢体接触

1. 和鉴赏家约会可以选择一些相对“正经”一点的地方。比如一场古典音乐会，或是一场话剧演出。她们喜欢这一类高雅的地方。当然，每个人不同，去发现她的兴趣点，然后选择相对应的场合。记住，不要和她去那些太过嘈杂的地方。

2. 鉴赏家对于性关系的对象会相当慎重，所以你一定不能激发起她的防护罩。回避型的鉴赏家有可能会排斥你和她的肢体接触。所以，你要保持肢体接触的无目的性。你的肢体接触应该是谨慎且轻微的。不要想着在一开始就能够和她发生亲密关系，把注意力放在具体的约会上面，并且在约会的过程中找到可以进行肢体接触的机会。例如，搀扶着她下楼梯，挽着她过马路，给她掸掉身上的灰尘，帮她把衣服穿上，当人要撞到她时把她拉近等等。尽可能多地加入肢体接触，但一定是要轻微的、短暂的、不会引起反感的行为。

如果你们的对话已经开始进入暧昧阶段，那么你已经可以尝试去拥抱她或是亲吻她了。但是请记住她是一个回避型的女人，她害怕承受别人的评价。所以，你需要等到进入私密场合才可以行动。

3. 你可以在约会的时候展示你的脆弱面，这样能够激发起她的保护欲，她天性喜欢协助她的男人。所以，你不用害怕在她面前展现出你的某方面缺陷。你可以让她知道你是一个渴望成功但不够细致的人。因为这个，你很早的时候就吃过苦头。

但是注意，请不要在一个女人还没有对你产生好感的时候去做这件事情。不然的话，她也许会认为你只是个唠叨的人。

4. 对于投资型女人来说，强烈的眼神接触是很必要的。但是对于一个回避型来说，你不能显得太具有挑逗性。聊天时看着她的眼睛，当她和你对视的时候不要转移视线，等她先转移视线之后，你就可以放松一下眼睛了。过一会儿再重复这个过程。

一切要显得自然，你不能够做一些让人不理解的动作，比如想牵她的手但又不敢。这会让你看起来很有企图心。如果她感觉到你戴着面具和她相处，那么她就会排除一切和你发展的可能性。

第四步：长期关系

1. 让她来协助你，就像是宋美龄协助蒋介石一样。你永远不能够把她当成一个小女孩来看待。她们是有智慧的女人，你需要让她们的智慧闪耀光芒，这样她就能够从你们的关系里面找到存在的价值和理由。所以，你一定要去发现她的专长和优势，并且明确地指出来，然后告诉她，她将能够在你们的关系里面扮演一个多么重要的角色——用她的智慧。

2. 和女教父一样，鉴赏家很倾向于在一段关系里面投资。所以，如果她确实成为了你的“贤内助”，那么你一定要回报她的付出。当她感觉到你并不在乎她的付出时，她就会选择离开。

当然，你并不需要为她做很多事情，但是你必须让她感觉到你有这方面的意识。最简单的形式就是告诉她“你对我真好”或是“太感谢你做的一切了”等等。

3. 鉴赏家的爱语通常会是“服务”和“送礼物”。所以，当你想要表达你对她的感情的时候，你不能一味地对她说甜言蜜语，那会起到效果，但是是轻微的。你更应该在现实的层面上帮助到她，比如帮她考取公务员或是送她一些她一直都想要的东西。

4. 和女教父一样，你需要尽可能多地和她发生性关系。鉴赏家的感情和性是联系在一起的，交出了性，也就意味着交出了感情。但是你不能够强迫任何一个女人，绅士一点。多动一些脑筋，比如把你们的卧室装扮得温馨一些，显得有情趣一点。一切都要慢慢来，让性自然而然地发生。

6.9 现代女人

现代女人是很酷的一类型女人，她们也喜欢很酷的男人。

第一步：刺激

1. 去搭讪一个现代女人，至少要让你看起来像是一个现代男人。她们喜欢干练优雅的男人。所以，你可以穿戴上那些男人的经典饰品，如领针或是袖扣。这些小的细节都能够吸引一个现代女人的注意力。她们认为一个男人对时尚的把握程度和他的内在成熟度是成正比的。不要穿得太浮夸，理智型的一面会让她认为这样的男人不够稳重。

2. 和其他投资型的女人一样，你可以选择真诚且直接的方式去认识她。她们不喜欢年纪比她们小的男人。如果你看起来特别稚嫩，那还是考虑先从身边的环境开启话题吧。

你的谈吐很重要，你不能够在说话的时候逻辑混乱或是词不达意。她们就像是电影里面的那些成功女人一样，不愿意把时间浪费在第一眼就知道不可能的人身上。当然，你也不能够太过直接，这样容易吓到她。所以，你需要拿捏好度，你可以去看看那些都市题材的影视作品，并且学习一下里面男主角讲话时的感觉。这是一种立体的感觉，除了台词，还有你的神态、语速等等都会对你的第一印象产生影响。

对于一个投资型女人来说，只要你的第一印象合格，你对她的兴趣会让她感觉到兴奋。

3. 在一开始，聊聊音乐和电影是不错的选择。一个现代女人的娱乐方式不会太多，所以这一类大众化的话题很适合作为你们深入了解的跳板。你不需要很华丽的话术，只要你的衣着、谈吐过关，并且价值差距不大，不做错误的事情，她会很乐意和你认识。

4. 具体的赞美很有效。现代女人和灰姑娘一样，你最好不要称赞她很漂亮，这会让你显得有点浮夸。具体一点，找到她身上的不同之处。如果你们的想法撞在了一起，那么她很快就会认为你是一个特别的男人。

通过观察细节来完成赞美，比如："我在其他地方也看到过女生穿这件衣服，但也许是因为身高，你比她要好看多了。"或者是："我只在时尚杂志上面看到过有女生会这样围围巾，你真的很有品味。"

说话的时候保持眼神接触。

第二步：互动

1. 她需要一个有趣且有目标的男人。所以，你可以在和她聊天的时候多谈论你们的兴趣和你们的目标。记住，你需要时刻关注她的想法，她作为投资型的女人需要感觉到"被追"。所以，当你每一次说完自己的故事之后，都去问问她为什么会走上现在这条路。

2. 你不能够紧张，这会让你减分。或许她很漂亮，或许她事业很成功，但无论如何，你都不能够被她吓到。你需要把她当作一个异性好友来对待。作为合理解释型的女人，她们更容易相信他人并且把自己的秘密分享出来。所以，你要保证你的心态正常，这样下来，很快她就会和你产生联系感。

3. 如果你们已经认识了，并且成为了朋友，加入性元素可以使她兴奋并且加快你们的进程。现代女人和灰姑娘一样喜欢有激情和热情的男人。在你们的互动中适当地穿插性元素有可能会激发她的兴奋点。

性元素意味着很多，比如一些轻微的情色笑话，那些穿着暴露的女人或是男人，或者是你们各自对性的看法等等。所以，你必须要过得去自己这一关。

4. 如果你们是依靠网络或是电话联系的，那就注意不要随时想着和她聊天。你不能够在还没有和她确立关系之前就黏上她。她是一个现实、理智的女人，她有自己的工作或是学业，并且压力很大。她知道天天沉溺于谈情说爱的男人是靠不住的，她不需要再养一个“儿子”。

第三步：约会与肢体接触

1. 投资型的女人都对长期关系有着强烈的向往。所以，如果你想要和她确定恋爱关系，那么就请在你们的约会地点中加入安静、舒适的场合，并且在这些舒适的场合中尽可能多地去互相了解。你不应该把话题放在那些无关痛痒的事情上面，而更应该集中在你、她、你们三者上。这样，她才能够快速地知道你是一个不错的潜在男友。

如果是第一次约会，切记不要去那些路边摊或是火锅店，选择有档次一点的地方。这能够让你加分。

2. 和一个现代女人很容易肢体接触升级关系。所以，你不用努力地试图营造性张力。你和她在一起越放松、越舒服，你们就越有可能发生性关系。所以，你需要把注意力放在具体的约会和你们两人身上，让一切看起来都顺其自然。

现代女人通常不会排斥去一些安静的酒吧。所以，这是一个很好的选择，借着微醺，你们能够擦出很多火花。

3. 如果现代女人有某方面的专长，尽可能地把它加入进你们的约会。比如她是一个网球爱好者，那么你们就可以一起相约来一场网球大战。如果她很擅长手工制作，那么你可以和她一起去买材料，然后让她教你做陶器或是折纸玫瑰。这都是非常完美的约会。作为一个理智型的女人，她需要的是参与度。

4. 尽可能地和她一起去完成一些现实的事情，而不是坐在花前月下聊太多感性的东西。如果你们能够在约会的时候经历一些曲折，比如一起把陷入泥潭的汽车推出来。那样的话，你和她的联系感就会加深很多。

第四步：长期关系

1. 想要从一个现代女人身上获得认同度，你可以选择做两件事情：

（1）在性关系上面不断地拉大你们的尺度。对于合理解释型的女人这一点会很有效。

（2）和她一起去完成越来越多具有现实的事情，当你们的共同经历越来越多时，她就越来越离不开你。

2. 你需要有事业上的野心和目标。她不会愿意和一个没有前途的男人在一起。虽然她是投资型，但这并不意味着她会愿意一直在一个错误的人身上投资。不管出于何种原因，如果让她认为你没有足够的前途和潜力，她就会心灰意冷。

3. 你不能够和她在一起之后还一直夜夜笙歌。你需要把你的这些能量都用在她身上。她们需要你是一个有乐趣的男人，但又希望能和你维持一段长期关系。所以，你需要避免在外面拈花惹草。

4. 和所有理智型的女人一样，现代女人的爱语通常会是“服务”和“送礼物”。所以，当你想要表达你对她的感情的时候，你不能一味地对她说甜言蜜语，那会起到效果，但是是轻微的。你更应该在现实的层面上帮助到她，比如，帮她考取公务员或是送她一些她一直都想要的东西。

第七章

扩展技巧阅读

追女孩是一门技能。一些人在生活的过程中就不知不觉地学会了一些东西，比如，一个讲师特别会讲故事，或者一个音乐家特别懂得浪漫。但更多人则不具备这些能力。为此，特为大家准备了一些小礼物。

7.1 讲故事

讲一个故事的时间可以是任意时长，但一般在 30 秒到 30 分钟之间，在合适的环境中甚至可以更长。要确保你的故事适合你所处的环境。在很吵的酒吧里面，没有人会愿意听你讲一个超过两分钟的故事。所以，此时你的故事应该更加简短。稍后，在你们独处的时候，你们也许已经坐在某个安静的角落了，这时候长一点的故事效果会更好。学着根据环境的不同来为故事插入一些合适的素材，所以你的“经典故事”都应该有“短版本”和“长版本”两种。

讲故事是社交技巧里面的重要工具，尤其是在两个人刚认识的阶段。如果你想要主动告诉一个人一些什么事情，通常只有两种方式，第一是直接说，第二是讲故事。后者比前者更能够使人信服。比如你想要告诉一个女人你很有钱，你可以直接说：“嘿，你知道吗？我很有钱哦。”当然，你也可以通过讲故事的方式呈现：“我倒霉透了！昨天把车停在路边被撞掉了大灯。拿去修理厂一看，他们说最少要两个月才能拿到新的大灯。我问他们为什么要那么久，结果才知道这破灯只能从意大利进口。唉……”

讲故事还有一个好处是，它能够帮助对方更立体地了解你这个人，并且也可以鼓励她告诉你一些关于她的事情。

一个好的故事包含了以下五个元素。

· 细节

· 植入价值

· 过渡与高潮

· 加入感情

· 诱饵

7.1.1 细节

一个故事要听起来像是真的，必须得有细节。细节部分不一定要很多，但是不能没有。不然的话，故事听起来就没有信服力。

比如：“我躺在床上，被子都没有盖（细节）。然后拿出手机瞄了一眼，我还清楚地记得那时候是凌晨3点15分（细节）。接着我翻了一个身……”

再比如：“那时后我紧张极了，手掌心湿湿的（细节），眼前变得一片模糊。我只记得她高跟鞋触地的声音越来越大（细节），我没敢转过身，因为我怕转过身看到的却是另外一个女人。终于，她过来拍拍我的肩膀，顺着余光（细节），我看到了那枚熟悉的戒指（细节）。”

另外，加入细节能够让人在听到你的故事的时候有身临其境的感觉。这就像是看书和看电影之间的区别。大多数的人都更加喜欢有画面感的事物。这也是为什么那些菜单上都要配上图片的道理。

7.1.2 植入价值

植入的意思是用一个表面上关于某一个主题的故事去巧妙地告诉听众一些其他的信息。通常这些“其他的信息”是你的正面特征。如果你直接告诉对方你的正面特征，很容易让对方认为你是在吹嘘自己，并且产生反感情绪。所以，你努力传达的部分将不应该是故事的主要部分。看看下面这个例子：

“我去过最令我失望的海滩是夏威夷，说真的，我甚至没有感觉到我身处国外。那儿的人多得像蚂蚁，总是有一些人在卖一些奇怪的饮料。我认为芭提雅的任何一个小岛都要强过那里。”

理论上，这个故事表达了我对夏威夷的不满。但事实上，我们通过这种方式，在故事中植入了正面价值——我去过很多地方。

在互动阶段创造出你自己的高价值故事。你应该先想一想，你的生活中有哪些能够吸引女人的因素，然后在一个故事里面选择性地加入这些吸引要素。事实上，有无数种方法来植入价值，为了让你快点上手，这里有一些例子：

1. 我每周末会和朋友一起去登山（健康）。

2. 我上周在金融峰会上的演讲糟透了（地位）。

3. 今天我拒掉了三场活动（受欢迎）。

4. 那时候我正在看书（博学）。

5. 我觉得那只猫太可怜了，于是就把它抱了起来（爱心）。

如果你的方法不对，植入价值会起到反作用。以下是三个最普遍的错误。

1. 植入价值的地方不对，看起来像是强加进故事里面的。

“我费了好大劲才找到法拉利的 4S 店，这时候我的电话响了，是我的一个好朋友，他告诉我下周他想要来找我商量剧本的事情。”

这个太明显了。法拉利 4S 店和这个故事一点关系都没有。

2. 故事没有植入价值的话，就会让人听起来很乏味。

“我去到那家书店，找了好久终于找到了那本书。然后我拿起来准备去付款的时候碰到了我的朋友，她告诉我她已经怀孕了。”

3. 植入的内容太多，本末倒置。

“我坐下来，然后拿出了我上周从美国带回来的雪茄。说真的，我拿出来的时候一直很兴奋，因为那是限量版的雪茄。接着我点了一根，然后开始教她那个心灵魔术。”

7.1.3 过渡与高潮

一个故事听起来吸引人在于它的过渡与高潮。也就是说，你的故事不能够平铺直叙，要把高潮的部分详细讲述，其余的部分可以快速略过。比如：

“我下车之后一个劲儿地跑向那个悬崖。但是由于海拔太高，几步之后我就开始大喘气。于是我俯下身子，将手撑住膝盖。当我无意间低下头看到草地的时候，我惊呆了。在我的脚边布满了密密麻麻的毛毛虫。那一刻我简直处于石化状态。当我回过神的时候，第一反应就是往回跑。”

这个故事里面前面的两句话都属于过渡部分，可以快速略过。从“于是我俯下身子”开始属于高潮部分，应当详细讲述。如果没有详细的高潮部分，那么故事就是这样的：

“我下车之后一个劲儿地跑向那个悬崖。但是由于海拔太高，几步之后我就开始大喘气。于是我俯下身子，接着我看到了密密麻麻的毛毛虫。我的第一反应就是往回跑。”

7.1.4 加入感情

一个故事的主干就相当于人体的骨架，而你的感情，就像是血肉。为了让一个故事更加丰满，我们一定要加入自己的感情。

“当我醒来的时候我瞄了一下表，我还记得是凌晨 3 点 10 分。当我准备起身去洗手间的时候，我突然发现隔壁的床上是空的，而且洗手间里面也没有灯光和声音。我有点紧张（感情）。我慢慢地坐起身来环顾四周，之后窗外的风声呼呼作响。我感觉到我的手心开始冒汗，心跳声越来越清晰（感情）。就这样僵在那里进退两难。”

知道为什么机器人瓦力那么受欢迎吗？因为没人想花上两个小时看一个冷冰冰的机器。

7.1.5 诱饵

如果对方愿意积极地投入到故事中的话，一个故事会有更强大的影响力。所以，去创造一些可以让对方投入到故事中的机会通常是很有帮助的。但是请注意不要使故事偏离方向，也不要强行让她投资。前面的故事都是在互动阶段的例子，下面我们换一个在相处阶段的故事来看看，如何制造诱饵让对方投入到故事中来。

“我真正爱过的女人只有一个，她是一个完美的女人。只可惜她在渥太华，而我在国内。我自认为女人缘还不错，但是和她相恋的两年时间里面我成为了一个彻彻底底的宅男。我每晚 8 点钟准时用 Skype 叫她起床。我没有和任何一个女人约过会。我也曾想过定居到加拿大，她也非常想要回国。可惜感情终究还是敌不过距离，她和另外一个男人在一起了。我甚至不知道原因是什么。我为此失落了好长一段时间。从此以后我就开始不相信感情了。”

这个故事很不错，如果你能够用这个故事让对方投入进来的话，那就更棒了。让她投入最简单的办法是问一些问题——她也许会有与这个故事的情节有关联的问题。比如：

1. 你也曾谈过异地恋吗？

2. 你也有过被劈腿的经历吗？

3. 你也会不相信感情吗？

相信这三个问题对于任何一个有过感情经历的人来说都会奏效，对方一定能够回忆起自己的感情经历并且与之共鸣。很多情况下，对方也会把自己的故事讲出来。这样无限循环下去，你们的联系感就会越来越深，并且有着说不完的话题。

7.2 框架

框架指的是人和人的互动交流中引导你的思维和行为的信念系统或意识形态。用通俗的话来说，框架就是指你的每一个行为背后的潜在含义。每个人在社交的过程中都会在潜意识里面设定属于自己的框架。例如，你是一个领导，那么你在和大家开会讨论的时候就会先听取别人的意见，然后最后做决定。反过来，我们可以通过框架去判定一个人的社会地位与心理机制。假如我们在一个会场里面看到一群人正在开会，而那个坐在正中间并且很少讲话的那个人就一定是领导了。

换一个场合来看看。假如你现在正在与一个女孩交谈，而在交谈的过程中你发现她对你提的问题很少回答或是根本不回答。这就说明她并没有把你放在眼里，并且她对你这个人的需求程度小于你对她的需求程度。我们也可以理解为，她的框架要强于你的框架。

框架还有另外一个实际意义，我们放到实际情况里来解释。假如你搭讪了一个女孩，结果她的回应并不是那么的友善："呵呵，你为什么来和我说话？"

一般的男人可能会回答："哦，因为你看起来很有气质。"这样的话，你就落入了她的框架中，因为你在回答她的问题。又比如有的女孩会问你："如果我和你老妈掉进了水里，你救谁？"如果你回答"先救你"或是"两个一起救"，那么你就落入了她的框架。同样地，你正在回答一个不存在的问题。

那么，让我们尝试改变一下对白。当你搭讪了一个女孩之后女孩回复你，“呵呵，你为什么来和我说话？”这时候你的回复是：“你总是和你的外表一样冷漠吗？”

这次，你没有落入她的框架当中，而第二次会比第一次更有机会获得这个女人的芳心。

再看第二个例子：“如果我和你老妈掉进了水里，你救谁？”我们再次尝试一下转换对白：“那么我和你老爸同时掉进了水里，你又会先救谁？”

毫无疑问，第二次你并没有回答她的问题，但事实上，你已经把她的问题销毁了。

当一个男人对一个女人的需求大过这个女人对这个男人的需求时，男人就容易失去自己的框架而任其摆布。有过很多这样的例子，男人低三下四地想要去讨好一个女人，却被女人有意无意地捉弄了一番。如果在一开始你就能够搞清楚框架的概念并且熟练地运用它，那么你永远都不可能处于被动地位。

框架只存在于意识当中，而不是客观事实。换句话说，框架都只是人们接受的主观意识。这就有了扭曲框架的可能性。或许当你遇见很强势的女人时，你会和她进行一场激烈的框架攻坚战，但只要你能够让她对你的需求大于你对她的需求，你就一定能够取得最终的胜利。

再讲得具体一点，你需要有足够强大的信念。有些信念是通过你的个人经历和现实条件产生的。比如你确实很有钱，那么你就会产生一个“我是富人我怕谁”的信念。但是信念也可以通过暗示来创造。比如：

1. 你很有魅力。

2. 你喜欢的女人一定也会喜欢你，因为你很棒。

3. 有没有女人对你来说根本无所谓。

4. 她不欣赏你是她的损失。

不断地告诉自己这些，有助于帮你形成你需要的信念。在你去和一个女人接触之前，你就应该定义好你的框架是什么。比如你只是去和她打个招呼，她的态度不好说明她只是缺乏社交经验。或者是她很想要和你认识，只不过她很害羞罢了。如此，当你真的碰到这样的突发情况时你就能够用合理的方式去面对了。

这就是为什么即使女人对某个男人感兴趣，她通常也不会去主动追求他的原因。相反，她会试图让这个男人来追求自己。女人意识到她们是拥有选择权的一方，事实上这是一把双刃剑。一方面，她们会坚信，男人会轻易地落入她们的框架（信念），但这也会导致她们的不安全感。

首先，女人总是害怕男人并不是真心实意地对待她们，而只是想要和她们发生性关系。

其次，如果男人来追逐女人的时候，他们就像是被人拿着骨头诱惑的小狗，一次次地跳起来试图要到骨头。女人就会开始认为这个男人没有价值和自尊。她会开始思考，他到底是出于什么样的目的才这么做？最终这些念头归结为一个问题：我真的想和这样一个没有自尊、没有价值并且对我如此渴望的男人在一起吗？答案通常是否定的。女人们把这种行为看作“过分追求”的表现。

这也是为什么面对测试型的女人最好的方式就是表现出来你不想追她，并且要提前定义你的框架。值得一提的是，即使对方不买账，没有落入你的框架之中（她的需求没有大于你的需求）也没有关系，至少你已经表现出“我不想要追你”的姿态了。这已经让她失去了对你的选择权。

同时，这也是为什么测试型的女人会被一些“坏男人”吸引的原因。当男人表现得对女人无需求甚至是冷淡的时候（同时富有魅力），女人就会想：为什么他不来追我？难道是我今天不够漂亮吗？我应该怎么让他对我产生好感？

这就是大部分男人都没有想明白的一点。

7.3 幽默

幽默是人际关系中的润滑剂。在你和任何一个人互动或是聊天时，如果能够表现出幽默，对方都会对你产生好感。特别是对于男人来说，培养幽默感就是在培养你的魅力。

弗洛伊德曾说过，所谓的幽默感，就是一种突然但是不会贸然，能够带来一种身心愉悦释放自己，把有意识过渡到一种轻松的无意识形态的感觉。弗洛伊德对于培养幽默感的说法有些晦涩，骨子里有“君子不重则不威”性格的国人，应该怎么培养幽默感呢?

记住，幽默并不是简单地为了搞笑，它是一种智慧。有两点前提：

1. 要注意时机、场合、对象。

2. 要注意格调。一般应高雅，不粗俗。

在掌握了以上两点前提之后，让我们来看一些具体的幽默技巧。

7.3.1 学会自嘲

讽刺就是一种独特的幽默。在你和异性接触的时候，即使是一些善意的讽刺，也会让内心敏感的对方感觉不适。所以，你想要在跟女人交流时有幽默感，那就学会自嘲吧。懂得调侃自己，而不是费劲力气的自我吹嘘、自我标榜。相反，只是博君一粲，让人真心感到开心。调侃自己，是从平凡的、趣味的、不甚完美的角度来观看自己，让别人有喘一口气的机会，也让自己从遥不可及的宝座上滚落红尘，与众生同声一笑。

7.3.2 繁事简说

学会把复杂的事变得简单化，往往会给对方带来一种突然的感觉，仔细琢磨之下，对方肯定能感觉到语言的有趣性。就好像我们谈论《泰坦尼克号》的时候一样。它有着丰富的剧情和复杂的人物关系。当大家都在对其剧情纷纷表达观点的时候，你突如其来的一句“其实就是个屌丝打败高富帅赢得白富美的故事”，往往能够赢得满场笑声。

7.3.3 扩大知识面

幽默是一种智慧的表现，它必须建立在丰富知识的基础上。一个人拥有审时度势的能力及广博的知识，才能做到谈资丰富、妙言成趣，从而做出恰当的比喻。因此，要培养幽默感必须广泛涉猎，充实自我，不断从浩如烟海的书籍中收集幽默的浪花。

7.3.4 正话反说

说反语并非都是挖苦的语言，有时候突然的一句反话，倒是很能带来一种无意识的突兀感，这样也能产生幽默。比如有人指责你唱歌难听的时候，大家都以为你将要为自己的表现辩护，而此时你却说：“你错了，其实我今天已经超常发挥了，平时更烂。”这样不仅帮你化解了尴尬，同时也为你赢得了笑声。

7.3.5 就事两面看

苏格拉底的妻子很泼辣，但是他却从不反抗，反而自嘲道，“娶好妻子的男人成为幸福的人，娶泼辣的妻子的男人成为哲学家”。这就是两面看带来的幽默感。

7.3.6 培养深刻的洞察力，提高观察事物的能力

培养机智、敏捷的能力，是提高幽默的一个重要方面。只有迅速地捕捉事物的本质，以恰当的比喻、诙谐的语言，才能使人们产生轻松的感觉。当然，在幽默的同时还应注意，重大的原则总是不能马虎，不同问题要不同对待，在处理问题时要有灵活性，做到幽默而不俗套。

7.4 假定

假定是一种自我暗示，也是神经语言程序学（Neuro-Linguistic Progra mming，NLP）里面的技巧之一。也叫“预设前提”。当我们思考或者处理事情时，假定人、事、物的关系就是这些“预设前提”所说，凭这些假定设计自己的思考方式和行为模式，用这种方式，我们会发现思考和行为的效果更好。反复地运用，你就不会陷入困境。

NLP不称这些预设前提为“原则”“规定”或者其他较具肯定性的词语，因为NLP的精神是不大有兴趣去找出或者坚持什么是“真理”，避免了空泛的争拗或者僵化的执着。我们可以假设事情是这样的，让结果去引导我们下次应否再做同样的假设。香港NLP之父徐志忠神父说“假定”是NLP的免疫系统，任何事情若能符合这些前提假设，都会有良好的效果。事实上，一个人若事事以这些前提为思、言、行的基础，他便真真正正地活在了NLP里，事事顺利，天天开心。

NLP是不相信“绝对”的学问的，不同的NLP学府都有不同的版本（虽然基本的精神是一样的）。那么具体应用在不同的社交维度中也会有不

同的方法。它除了指导人生以外，还可以有更多实际的意义和作用。

举一个例子：当你觉得和一个陌生的女人在一起特别尴尬的时候，你就能够假定她已经是你多年的好友了。然后不断地在心中强化这个概念，回忆你和你真正的好友在一起的行为模式。接着你就能够慢慢地按照这个假定的关系去和这个女人相处了。当你这么做了之后，你就会发现因为你的放松，对方也很自然地放松了下来，从而促进了你们的关系。

7.5 联系感

联系感是一种感觉，属于无形的存在。也就是我们俗称的“相似相知”。《红楼梦》里有段话，是黛玉讲的：“我明白你的这份心，但你可明白我的这份心？”这种“你明白我的这份心，我也明白你的这份心”就是联系感。

当两个人互相了解对方之后，他们就达到了相知状态。但相知的前提是相似。所以，决定两个人能否产生联系感的前提是你们身上有多少相似的地方。就比如两个同样上过 MBA 课程的人会产生联系感，因为他们都曾在同一间课堂学习过。如果他们参加 MBA 课程的目的和初衷也是相同的，那么他们就会产生更加强烈的联系感。

相反地，一个在一线城市长大的孩子和一个在贫困山区长大的孩子是不会拥有太多联系感的。

从联系感的阶层来看，我们大致可以把它分为以下四个等级。

7.5.1 表面接触

表面接触指的是当两个人相互认识的初期产生的联系感。比如两个人都拥有共同的朋友，通过介绍之后，他们就产生了最初级的联系感。虽然只是初级，但这和完全没有联系感之间却有着质的区别。当我们在大街上试图和一个陌生人打招呼的时候有很大概率会被对方忽视，而哪怕只是见过一面的“半陌生人”在街上遇见之后，相互打招呼的成功率是 100%。

7.5.2 普通联系感

深度接触指的是当两个人已经互相认识并且互相了解之后产生的联系感。通常这样的联系感会在两个人聊天之后的 20 分钟后产生。这一部分联系感对应的话题非常广泛。比如两个人都曾参与过发传单的工作，两个人都喜欢同一首歌，或者是两个人都认为隔壁桌的女人太做作等等。

在两性关系里面，普通联系感是通向终点的必经路程。当你们的共同话题越多时，你们产生的联系感也就越多。反过来，当你们的联系感越多时，你们的共同话题也会越多。

7.5.3 情感

情感属于联系感阶层中的深层次联系感。通常它和爱情、亲情、友情等感情话题有关。如果两个人只拥有普通联系感的话，他们已经可以做好朋友了，但还不足以使双方爱上对方。当两个人都交换了各自心中的情感之后，他们的火花才可以真正意义上迸发出来。很多时候，当你告诉对方你小时候遭到排挤的经历之后，对方也会有所共鸣。然后你们就会认为对方和自己是一类人，甚至一样的孤独。

7.5.4 秘密

秘密是联系感中最深一级。它没有固定的一类话题。因为每个人的秘密都不一样。有些是和性有关的，比如她曾经有过被性侵犯的经历。有些是和丢脸有关的，比如她在高中时代以前一直是一个胖女孩。当一个人愿意把他心中的秘密分享给你听的时候，你们就正在制造最深层的联系感。通常这需要你们的关系达到一定程度之后才有可能发生。

7.6 肢体接触步骤

肢体接触与我们的身体感知姿势、体重和行为方式有关。因此大致可以将它解释为，它是跟着我们身体的运动神经元和感觉神经元的工作相关联的。运动神经元通过将信号传送到我们的肌肉，来控制我们身体的动作；感觉神经元通过身体感觉的形式来向我们提供信息。

一些肢体接触方式是通过我们的文化学习到的，一些则是和我们的遗传相关联的。这种信息交流在不同的文化中可能会存在着重大的差异。甚至是同一种文化中，不同的人对于相同的肢体接触也有着非常不同的主观判断。比如亲吻，对于西方人来说是一种礼节性肢体接触，而对于东方人则代表着暧昧。

但不管你是在哪一个文化中被培养长大的，我们所有人都有一些对于肢体接触的基本需要。有一个著名的实验验证了这一点。科学家为一个小猴子提供两个人造母亲。两个母亲都是机器猴子，其中一个是用金属制成的，另外一个则是用柔软的毛发和毛巾衣物包裹着。结果小猴子只愿意和那个暖和的有毛发和衣物的母亲待在一起。通过这个实验，我们都可以看出我们具有原始的一面。

有些时候，肢体接触比语言交流更为直接，因为肢体接触会刺激多巴胺、后叶催产素、精氨酸抗利尿激素和其他的一些神经化学物质。这些化学物质有益于联系感和信任感的提升。

我们大致可以将肢体接触分为五个等级。

7.6.1 礼节性接触

- 握手
- 轻拍肩膀
- 击掌

礼节性肢体接触的含义是：我不会伤害你。

7.6.2 友谊性接触

- 搭肩膀
- 上臂逗弄
- 上臂触碰
- 胳膊与手臂的摩擦
- 不同的握手方式
- 手腕触碰
- 手掌触碰
- 手挽手
- 手臂放在肩膀上
- 手臂环绕腰部

早期的友谊性肢体接触可以展示出你是一个热情的人，但是对待一个新的朋友你应该更加绅士一点。思考一下小鸟是如何降落在树枝上的。它需要在降落前，放慢速度并且盘旋片刻再降落，而不是直接落在树枝上。

7.6.3 安慰性接触

- 轻拍肩膀
- 轻拍背部
- 拥抱
- 轻轻摩擦手背

安慰性肢体接触通常采用的是诚恳的方式，是为了达到某个目的而进行的肢体接触。

7.6.4 感官性接触

- 颈部摩擦
- 手指环绕
- 手挽手
- 手牵手
- 爱抚
- 闻对方
- 头发爱抚
- 脸部轻抚
- 拥抱
- 亲脸颊

感官性肢体接触表达了：我喜欢你。

7.6.5 亲密性接触

- 舌吻
- 爱抚

· 拥抱

· 性

亲密性肢体接触是最终阶段，在这个阶段中通常你们已经喜欢上对方了。这种肢体接触特别考验环境因素，当你们在合适的地点，让这个时刻自然而然地发生吧。

7.7　预选

女人的生物本能决定了她们都会想要寻找拥有更多生存资源的异性作为伴侣，而筛选掉劣质异性并挑选出优质异性是一件困难且复杂的事情。所以，女人的潜意识会认为有很多女人喜欢的男人一定是拥有强大生存资源的。

虽然个人口味不尽相同，但是大部分女人都知道，她们要寻找的品质和其他人一样——健康、自信、地位等等。当你有很多女人对你感兴趣的时候，你就被预选了，而且会有更多的女人对你感兴趣。

与此相对，缺少女性兴趣的男人将处于不利的环境。如果女人推断别的女人对某个男人不感兴趣，一般她只会有三种解释：第一，她的品味不巧与其他女人不同；第二，她具有更强的洞察力，并且比别的女人更擅长判断一个男人的本性；第三，别的女人因为某个特殊原因不喜欢这个男人。

通常，一个男人如果被大量的女人拒绝，在进化角度上来看，他的基因一定有某方面的缺陷。因此，若一个女人逆势而行，与一个不受欢迎的男人结合，那么必然不能为下一代获取优良的基因。

预选的展示方法有很多种，但不论何种方式，都必须适度地展示。假设一个男人有很多女孩喜欢。那么女人就会问自己，这样的一个男人是否会愿意一直留在她身边。除非女人有理由相信，或是欺骗自己相信这个男人会留在她身边并且帮她生养儿女，不然的话，她是不会愿意和这个男人发生性关系的。一个怀孕的女人，如果没有人来照顾，或是为她和她的孩子提供生活保障，那么她的未来将黯淡无光。

7.8 推拉

推拉可以分开来解释。“推”指的是将对方推开。比如，嘲笑她，拒绝她，不看她等等。“拉”指的是将对方拉近。比如，表达好感，恭维她，表白，邀约，微笑等等。

在两性互动中，太多的认同会让一个女人感到不舒服。所以，有时候需要在你表达兴趣的同时加上一个拒绝指标。也就是很多时候我们所讲的“欲擒故纵”。来看几个经典的推拉例子。

“如果我不是太忙，我一定会约你出来玩。”

“我觉得你人很不错，可惜我比你大太多了。”

“你人真的很好，可惜你是 ×× 星座的。”

推开应该是以一种轻微的、开玩笑的方式。你不应该用打压的方式推开她，尽管推开的时候会有一些拒绝性的肢体语言。你必须保证你的推开不会让对方感觉到是在对她人身攻击。想一下弹簧是怎样工作的，当你把它拉得越开，它回弹的力量就越大。但是当你的力气太过强大时，弹簧就有可能断裂。所以，最好的推拉应该是在保证你们的关系不断裂的情况下，把她推得越远越好，这样拉回来的时候就更有力量。

我们还可以把推拉的关系比作阴阳关系。阴阳本身就是密切结合的。同理，推和拉也是密切结合的。在所有的拉中都有 40% 推的因素，所有推中都有 40% 拉的因素。

在你正确使用这个技巧时，它会对对方产生一种心理效应——想要获得更大认同的想法。如此，她就有可能向你证明自己。实际上，在这个时候她就已经开始在精神层面追逐你了。

7.9 共鸣

共鸣能够很快打开对方的情绪大门，走进对方的世界。

共鸣解构开来，可以理解为“共同的经历 + 共同的情感”，而这些，在我们的日常交流中是很常见的。比如你去吃烤串，跟你的朋友分享，说你去吃烧烤了。你的朋友回应你，那家的烤鸡翅非常鲜嫩，不像其他家的烤翅干巴巴的，然后你们就这个鲜嫩的烤翅如何美味，吃起来如何享受聊了一阵子。这其实就是一种共鸣。共同的经历——同一家烧烤店；共同的情感——这个烤翅很鲜嫩，吃起来很享受。

不过，这种“共鸣”太普遍了。换句话说，去那里吃过烤翅的，全市没有 10 万也有 8 万，没有独特性、稀缺性，处于共鸣中最浅的那个等级。相反地，共鸣中的共同经历和情感越独特越少见，共鸣就会显得越深。比如，两个人都在小时候见证了父亲抛弃家庭和母亲，都由母亲辛辛苦苦抚养长大，这样的共鸣就很强了。

简单来看，一个完整的共鸣可以分解为三个步骤。

第一，寻找线索。你要敏锐地捕捉对话中的情绪。比如，对方正在讲述她去迪士尼会过山车吓哭的事情。那么她当时的情绪可能是兴奋，也可能是恐惧。

第二，求同存异。同样的经历，可能会造成相同的情感体验，也有可能产生不同的情感想法。比如，两人都是没有父母的孤儿，都经历了上山下乡，都拼死拼活地拉扯弟妹长大。一人就会觉得，生活真是痛苦；另一人就会觉得，好生活只能靠自己把握，自己只能相信自己。假如你只拥有前面的情绪（生活真苦），而对方只拥有后面的情绪（要靠自己），是没有办法达到共鸣的。

第三，情绪共鸣。通常我们通过讲故事的方式来达到共鸣。就比如她说完了从小被父母抛弃，自己一个人长大的故事之后，你已经捕捉到了她强烈相信自己的情绪和想法。然后你开始讲述你自己的故事。同样地，对方可以在这个故事里面感觉到你也深深地认可人生在世要靠自己的想法和情绪。当对方确实接收到了这个信号之后，你们就达到了共鸣状态。

7.10 情景搭讪

情景搭讪指的是通过你和对方身处的环境来展开话题。例如：

“这是什么牌子的啤酒？”

“那边那个人是不是叫张三？”

“我很喜欢这里的氛围。”

其实，大多数男人都会使用情景搭讪去搭讪异性。这是因为情景搭讪有它的优势。它让人看起来更自然，没有企图。同时，具备一个现实的话题可供展开讨论。但是，正因为使用的频率很高，大部分的女人都听得耳朵起茧了。例如：

“你的项链（手镯、钱包、戒指）是在哪里买的？”

如果一个女人已经听过很多次这样的开场白，那么她就会认为你想要追求她，或是对她有所企图。想想看，你上一次借口女人的衣着去搭讪一个女人是在什么时候？

情景搭讪的几个要点：

1. 想要临时想出一个好的情景搭讪台词需要很久的时间，所以你可以想好之后存在你的脑海里，下一次拿出来使用。

2. 情景搭讪的开场白必须要在当下的环境中属于合理的。

3. 情景搭讪的部分最好和搭讪对象有所关联。

来看一个经典的情景搭讪案例：

男人在公园里遇到了一个推着婴儿车的女人，并看着婴儿说：“好可爱的小孩，你叫什么名字呀？”这时候女人也停了下来。男人直起身问这个女人：“这是你的小孩吗？”女人回答：“不是的，我是他姑姑，带他出来透透气。”男人继续：“那你真有爱心，你也是住在那边的公寓吗？”女人“Balabala...”

情景搭讪的最大优势就在于，你想要过渡到其他话题会相对容易，并且能够让人感到自然——更接近一场普通对话。如果你擅长即兴创作，那么你可以更多地使用情景搭讪。

7.11 展示脆弱面

展示脆弱面的作用是让你看起来更有亲和力。如果一个人表现得太过完美，有时候会让人感觉到距离感。同时，也有可能会让人认为你有伪装的嫌疑。

通常，在双方深度了解之后，你应该适当地告诉对方一些你的弱点。这样不仅能够让你看起来更加真实，也能够让你看起来更加自信。

7.12 性张力

性张力是一种非常奇妙的能量，这种能量只会出现在男人和女人之间。那是一种你们都期待你们之间可以发生一些什么，但是还没有发生的时候会出现的一种心理反应。如果你能够把握好性张力的出现，那么你们的进展会非常迅速。我们可以从两个方面来看待性张力。

7.12.1 欲迎还拒

“性”无疑是要传达的主体，“力”是指力道，而张力在物理学中指的是“分子间的引力”。我们可以在这里称之为“黏滞力”。就是“不愿意”把分子发射出去，拼命往回拉的力。这里的“不愿意”是假的，但社会伦理又不允许。这就造成了“发射”与“拉回”的矛盾场景（物理学中拉力与张力是同时存在、同等大小、方向相反的两种力），正是这种胶着，才显出力道来。在这个力场中，男女双方才会小心翼翼、忐忑不安、惊心动魄地相互试探、勾引着，你进我退、你退我进，其乐无穷。这就是“暧昧的张力”。

7.12.2 欲予还收

我们每个人都似乎不自主地尊敬领导（虽然领导经常欺骗你，也没给你升职）；谄媚富人（事实证明有钱人比穷人更吝啬）；同样，我们也不自主地认为漂亮女人或男人善良、聪明（科学证明这其实毫无依据）。这是因为你对他们有需求，而他们有给你的这个“可能”（潜势），从而给你造成了强大的吸引力。“欲予还收”就是指当男人们展示了强大的性能力（健壮的身体、干净的生活习惯、雄性领袖的地位等），但不直接告诉你，而是告诉你你有得到这个性能力的可能。

为什么“欲予还收”有力道？这就好比武林高手猛地一拳打过去，还能在最后一刻收住。多么动感、多么自信、多么惊心动魄！

第八章
男生密码

追女孩有两种方式，第一种是锁定目标，穷追猛打，不达到目的誓不罢休。第二种是知己知彼，从大局入手。弄明白自己的优势和劣势，然后有针对性地寻找目标。

我们花了大量的篇幅来讲如何使用第一种方法。那么接下来，想聊聊不同类型的男生与不同类型女生之间的匹配关系。如果你想选择第二种方法，那么你就需要先搞清楚你属于什么类型，你又能吸引什么类型的异性。

对于女生，我们划分出八种类型。但是对于男生，我们只划分了四种类型。但这已经足够。因为我们永远没有办法做到100%的精确匹配。只能是一个大概。好了，那么就让我们直接来看看四种男生的类型吧。

8.1 领袖型

他们能领导和控制一个群体，看上去很有权威。他们往往具备果断、干练、有能力、有魄力、肢体语言大方、眼神坚定、步伐缓慢有力量等特质。

这种特质并不是领袖型独有，反而是任何一个男人都可以修炼得来的。因为世界永远不会排斥价值，所以领袖型的男人并不会引起任何一种女人的反感。

果断、干练、有能力、有魄力、肢体语言大方、眼神坚定、步伐缓慢有力量等这些表面特质，并不是领导力的本质。

详解一个真正领袖型男人，他的第一个魅力点在于：在你走投无路、一无所有、众叛亲离、面临灭顶之灾的情况下，只有他能够帮你走出困境，而且他也愿意这么做。他无私，但是有要求地对待身边的每一个人，让你有强大的安全感。

我们来举一个例子：

大哥 A 让你放弃稳定的工作，跟随他创业。这个机会非常好，有 70% 的可能会成功，成功了就赚到 1000 万，而且大哥 A 这个人也具备成功创业的经验。

大哥 B 也让你放弃稳定的工作，跟随他创业。这个创业机会只有 50% 的可能会成功，成功了能赚到 500 万。大哥 B 之前没有成功创业的经验，但是他给了你一个大哥 A 所没有的承诺：“创业失败了，你的所有投资我个人出钱还给你，还让你重新回到现在的工作岗位来。反正你就当出来玩一次，没有任何损失。”他也确实能兑现这个承诺。

领袖型男人的核心价值就在于，他能保护群体中的人“不失去”，其次才是领导他们“得到更多”。

所以领袖型的关键，是用恰当的方式告诉女人：任何时候你走投无路了，不温暖了，来找我。

但是，如果毫无条件地提供这些，就不是一个好领袖，而是滥好人。

所以，要可以对女生说：“我觉得你不错。我平时比较忙，可能顾不到你，你多关心我，多给我打电话，我会很开心。小事情别找我。要是哪一天，你碰到什么大事，觉得天都塌了，你就来找我。”

这样的语言效果极其强大，女生们碰到的都是“知心大哥哥好人男”，极少会遇到一个男人要做这样的大哥。这是对她好，但是，我对你的好，是有条件的。

领袖型男人第二个关键魅力点在于：在危险降临、外族入侵的时候，能够挺身而出保护整个群体，所表现出的最大特质就是沉稳。

这种沉稳不是和平时期的沉默装逼，而是关键时刻的“泰山崩于前而面不改色”。在群居动物中，具备这种特质的个体会成为领袖。原因很简单，要想保护整个群体，首先自己得临危不乱。人也是由群居动物进化而来的，具备这种特质的人，天生就能体现出领袖般的吸引力，让别人不由自主地跟随他。

一个沉稳、冷静、处乱不惊，有能力保护你，也确实愿意保护你的人，你是否愿意跟随他？而一个仅仅是做事果断、坚定，善于发号施令的人，你是否愿意跟随他？太多人谈论男性领袖，但是，如果男性领袖并没有那样强的实力，只是一味地表面模仿，就成了机器人和小丑而已。也许可以蒙人一时，绝对不是长久之计。

关系好的一堆女生里，总有一个领导者（这个领导者往往可能是女教父或是勾引家）。去哪里吃饭、到哪里逛街、召集人等等，80% 以上是由这个领导者决定的，而这个组合在遭遇男人搭讪的时候，也会是这个领导者挺身而出保护群体中的其他女生。

所以“沉稳”这条领袖气质，对于打入女生群体，击败“女性领袖”极其有效。

为了便于理解，我们先举个动物的例子。你去两个朋友家做客，他们都养了大型犬德国黑背。

到第一个朋友家，他的黑背对你非常热情，站立起来把前爪搭在你的肩膀上，舔你的脸，狂摇尾巴。你也很开心，和它闹了一阵之后，你发现它确实很热情，但是不听你的话，就是不停地摇着尾巴往你身上扑。你想让它安静下来，它根本不理你。

去第二个朋友家，还没有走到，他院子里的黑背就对着你疯狂吠叫，呲牙咧嘴。你当时就吓得不敢往前走了。

这两种情况看起来很不相同，但本质是一样的。顶级驯犬师认为，这两只黑背都由于其主人平时太过娇惯，没有表现出王的肢体语言，导致它们认为自己才是“我和主人”这个小狼群里面的狼王。它们要承担起王的责任。

第一只黑背，是想要把你也收入它的“狼群”，成为你的狼王。所以对你非常热情，往你身上扑，但是不听你的话。第二只黑背，则是以为你要入侵它的“狼群”，所以它要挺身保护整个群体，用吠叫对你进行威吓。

对付这两只黑背的方法是一样的，沉稳地从它们身边走过，完全无视它们。对于热情扑过来的，要坚定而温柔地推开它，不看它。对于吠叫的，要完全无视，彻底地沉稳，不表现出一丁点的畏惧感。但是也要保持安全距离，不和它对视。

绝大多数的情况，你这么做了，两只黑背都会在表现一阵之后安静下来。然后你再向它招手示意，它会过来趴在你脚边。这时，它们已经把你当成是“狼王”了。

上面这个例子，和我们在 party 中会遇到的两种情况很相似。

第一种，你到 party 之后一个大姐大型的女生对你非常热情，招呼你过去和她的朋友认识。此时，你如果回应她的热情，那么她很可能会不把你当回事。因为她对你热情，不过是“想收你做小弟”的潜意识行为而已。

第二种，你到现场后，一群女生当中的大姐大型女生对你非常冷淡，甚至刻薄。很明显，她要保护自己的群体。因为她把你当作了入侵者，而她的女孩子们也在看她的脸色行事。

对付这两种截然不同的情况，方法是一样的，就是沉稳、微笑、无视。

说完了领袖型男人的核心魅力，接下来讲领袖型的最大缺点。

真正的领袖型（注意，非闪耀型）几乎对所有类型女生都有吸引力，并没有哪种女生会讨厌这种类型。不过，它最大的问题在于，无法让感觉型的女生觉得“走入内心”。

极端例子是，很多领袖型男人的小情人会拿着领袖型男人的钱，养着个她“有感觉”的小白脸，并不只是因为女生把这种男人当作提款机，也因为这种男人最终很难走入女生的内心。

8.2 闪耀型

这类男人总是人群的焦点。他们的高谈阔论，衣着帅气有品味，始终是人们注意力的中心。他们说话幽默，演讲有激情，总是有各种各样稀奇古怪、想象力十足的点子等等。

一旦走进一个场所，闪耀型男人一般会迅速地接管整个社交场所。

请注意，闪耀型提供感觉，领袖型提供价值。

舞台上的明星，受到无数人的注目，他其实提供得最多的，是一种感觉，而不是看得见的切实价值。如果你认为这是雄性领袖，那么，请看一下他身后的导演和老板。他们坐在一起时，谁是真的领袖，一目了然。

闪耀型男人的核心魅力点一：在社交场所可以引得四座侧目。

虽然闪光灯、焦点、注目都是在营造一种感觉，并非切实的价值，但是在社交场所（夜店或者聚会），感觉型的女生非常看重这种感觉，这对她们来说就是最重要的价值。

闪耀型男人的魅力二：总是给身边人带来刺激与惊艳的经历。

这种非常满足花蝴蝶和冰美人的需要。

举例说明，在一个派对上，很有可能出现的情况是：

花蝴蝶会去吸引闪耀型的注意。当然，勾引家也有可能与花蝴蝶竞争。

冰美人也会尝试加入进来。

邻家女孩觉得压力太大，没有信心去竞争。

灰姑娘可能想拿下这个男人，却不懂得如何入手。当然，她也可能毫无兴趣。

现代女人会笑一下，心想要是和这个男人发生点什么也不错，缓解生活压力。

鉴赏家和女教父，心里觉得这个男的就是个傻帽。

闪耀型男人最大的缺点，三个字：不靠谱。

谈到长期，大部分女人还是会有一个现实的认识。

闪耀型的他也是一个无法走进内心的男人，他就像女性中的花蝴蝶一样，不过这不妨碍有那么几类感觉型的女生与他保持长期关系，尤其是灰姑娘这种一往无前型的，往往会不停地自我投资来走向毁灭。

想象一下花蝴蝶给男人的感觉，美丽、有能量。可是，很多人不愿意去找一个这样的女孩子做妻子，闪耀型男人也是如此。

如果再往深了描述一下的话，就是娱乐至死、浮夸、内心深处有着严重的不安全感。

8.3 和平型

这类男人善于调节对话气氛，让人感觉如沐春风。与女人思想共鸣，情绪共振，平和温柔地分享各自的故事，安静地倾听，体贴的服务，让女人感觉很舒服等男性魅力点，都属于这个大分类。

浪漫是闪耀型男人和和平型男人共同拥有的技能。前者的浪漫能满足女生虚荣心的大场面，后者的浪漫则通常是小场面，但是特别温馨。比如漫不经心地要女生打开副驾驶上的遮阳板，会有一束鲜花掉落在她身上等等。

和平型男人，我们又可以非常形象地把他比喻成“氧气男”。

和平型男人也会去调节这个团体的气氛，但是，更多的是一种辅助。不像闪耀型提供的所有感觉最终是突出自己。和平型男人提供的所有感觉是为了整体的和谐，他不希望受每个人注意，他的能量比较低。

和平型男人的优点是关心和情绪支持。

他在和任何人一对一交流的过程中，都能让人轻松舒适，而且，不像闪耀型一样是以自我为突出点，他的交流互动，重心永远是在对方身上。你可以把他看作是男人中的投资型。

你一定有这样的印象，有的男生在社交场所表现平平，绝对赶不上那种派对高手，但是，他在和女生单独聊天过程中，女孩子就是会喜欢和他聊。他也不会说什么以后跟我混之类的大话，但是，他展现出来一种舒服的关心感，女生会觉得这个男生真正地想要了解他。或许没有什么特别牛的闪光点，但是就是会怀念这种感觉。

尤其是很多总是被勾搭，但从未被追求的美女，在经历了玩家给她带来的伤害后，反而会选择一个和平型的、懂她、对她好的“好人”。

不过这种到底是因为心累了，还是因为真正爱上了，仁者见仁，智者见智。

和平型男人是在男人中比较普遍的，我们整个社会舆论导向就是把我们塑造成这样一个“中庸”“友善”的“好人”，并不是这种男人没有魅力，大多数时候，在年轻时这种特质面对一个有着防护罩的测试性女生，不会产生太大的作用。因为，当每个人都这样的时候，这种性格并不能帮你脱颖而出，但是也不像很多极端的说法——好男人都是没魅力的。

他最大的优点在于，情绪支持和无微不至的关心，而这一点，做不好，就会引出最大的缺点。而且，对于理智型的女生来说，和平型男人若没有切实的价值，永远只会被归为好朋友和备胎一档。

需求感过多，黏人。

由于和平型男人在感情上一对一的投资态度，很容易出现一种状况，就是，我为你付出了这么多，所以你必须得留在我身边。或者是，我如此爱你，我什么都为你想，所以你也应该爱我。

情感上的投资，是一种会让自己沉迷的方式，但是，这并不是控制的理由。

正因为投资，还会导致和平型男人的另一个缺陷出现——无底线、无原则地容忍一个女人。

比如，我们看到过太多这样的事情，一个和平型的好男人，他的女友和其他男人出去了，他发牢骚，然后女友哄他几句，他接受了……直到他的女友和别的男人发生了关系，女友来多哄他几句，最后他还是会原谅她。

领袖型的男人遇到这种情况会用简单粗暴的方式来教训他的恋人，比如分手。然而，和平型的男人会告诉自己，我原谅她，是因为我爱她。

他投资的是感觉，所以他也会被自己的感觉纠结致死，很难真正地像个爷们儿一样，不顾感觉，去做一些男人该做的事情，去把自己的重心放在事业上。不管哪一类女人，在长期关系中，她们都知道，感觉是不能当饭吃的。

可惜，和平型的男人年轻的时候并不知道这个道理。他们以为，是闪耀型的男人会讲笑话，抢走了他的女人。他们没看到的是，闪耀型的男人往往留不住一个女人。闪耀型的男人经常换女人并不是因为他有多爷们儿，而正是因为他幼稚。

很多和平型的男人发誓改变，可惜，结果很容易落得东施效颦，甚至是南辕北辙。

此乃和平型男人最大的弱点。

最后，一个男人若不尊重自己，女人会不停地挑战他的底线。你一定要有几条不能越过的线，这个，按你自己的幸福标准来定义。

8.4 踏实型

这类男人让女生特别有安全感。他们的固有形象是不善言辞、踏实可靠、说到做到、执行力强。但这也仅仅是固有形象。女生的安全感其实来自于一个更核心的地方，那就是她们的价值是否与这个男人相匹配。

简单说明一下。假如一个女生从农村来到城市，她不会说普通话，更不懂得博弈学原理。那么面对一个事业有成，并且生活相对稳定的踏实型男人，她依然会担心他有一天将会离开她。但是假如这个女生同样拥有一份稳定的工作，和这个踏实型男人“郎才女貌”，那么她将不会担心太多。因为她知道，以他的能力，找不到比她优秀太多的女性了，而比她弱的女性，根本不用去担心。

如果踏实型男人去关怀一个女生，他会试图去了解和观察这个女生，为她做她需要的事情，这种男人不太善于用语言表达内心的情感，更不用说赞美了。踏实型男人在聊天的时候，节奏与思维不会像和闪耀型男人那样明快跳跃，通常逻辑明确，娓娓道来。即使他的内心波动极大，情绪极度恶劣，人们也不太容易察觉到。踏实型男人通常和领袖型男人一样，也有着稳重的一面。与闪耀型男人聊天，如同喝果汁；与踏实型男人聊天，如同品乌龙茶。果汁好看，而且甜，而乌龙茶看起来平淡，但却更让人回味。有些女人就喜欢这份平淡。

踏实型男人看起来有点像《蜗居》里面的苏淳。踏实稳重、感情专一、温柔体贴，但却有些唯唯诺诺，欠缺魄力。他和郭海萍是从大学恋爱到走向婚姻的成功范例，这样的婚姻自然要经受共同创业、共同经营、共同支撑的漫长考验。身为一名设计作图的普通技术型员工，他对自己的事业从没有太大的计划和野心，他也不会想着去认识其他女性。他懂得安稳，也享受安稳。和对的人在一起，日子只要一天天过去，已然是幸福。

从长辈们的立场来看，和一个踏实型男人结婚是最好的选择。这意味着他们的女儿不用过度地担心这个男人的忠诚和事业。虽然这个男人不一定能够飞黄腾达，但至少不会让他们的女儿饿肚子。

踏实型男人的优点是：他们在承诺上的高度注重让他们得到成为四种性格中最值得信任的人群。忠诚让踏实型男人爱得深刻，并且全身心地把自己奉献给他们所爱的人。踏实型男人对待自己认准的情感一般是死心塌地的，他会因责任和承诺而放弃自己的快乐。

踏实型男人非常强烈地向往和看重理解和默契。计划周详，注重规则。做任何事情首先制订好计划，然后严格地按照计划去执行。闪耀型男人喜欢变化中新奇的、不确定的快乐，而踏实型男人喜欢计划中程序的安全感的稳定，似乎天生就有未雨绸缪的意识。

踏实型男人的缺点是：当领袖型男人用最简捷的方法解决最复杂的问题时，踏实型也许正在用最复杂的方法诠释简单的问题以确保周详和严谨。这听上去或许没什么不好。

但是在追求女生的过程中，这就是个大问题了。踏实型男人往往把事情想得过度复杂，还经常找不到边。太过保守导致这种男人经常错过和女生提升关系的最佳时机。比如，一个踏实型的男人会和女生讲一大堆人生大道理。殊不知，与此同时，另外一个闪耀型的男人已经和女孩约好了下周一起去登山。当这个踏实型男人晃过神来，这个女人已经和那个闪耀型男人腻在一起了。

造成这种情况还有另外一个原因，踏实型的男人通常少了一分“情调”。他们太理性了，很多时候，女生需要的是一份刺激。当我和一个闪耀型的男人说到这点的时候，他已经在脑海里想到了 6 种方法来刺激女生了。但是当我和一个踏实型男人说到这里的时候，他可能会问我，“刺激的定义是什么？”

所以，很多踏实型男人会给人一种书呆子的形象。不是说这有什么不好，但事实是，往往在女人最好的年纪，身边会围绕着大量的追求者。这时候，她实在找不到一个理由和一个“书呆子”在一起。

时过境迁，容颜不再的时候，这个女人或许才能意识到，和一个踏实型的男人结合或许不是一件坏事。

有点伤感，不是吗？

好了，现在你已经了解了四种不同男人的类型，甚至已经知道你自己偏向于哪一种类型了。那么我们就来看看不同类型的男人会吸引怎什么类型的女人。当然，这并不是绝对的，只是相对而言，不同类型的男人更容易和相对应的女人进行匹配。

8.5 领袖型吸引：勾引家、女教父

领袖型的男人很容易吸引到测试型 + 理智型的女人。通常来说，领袖型的男人会具备足够的社会资源和社会地位。勾引家和女教父理智型的一面会对此产生浓厚的兴趣。她们是现实的一类型女人。她们知道，拥有足够的物质条件，才是未来幸福生活的垫脚石。

测试型的一面决定了这两类女人喜欢比自己强大得多的男人。虽然踏实型的男人也可以吸引理智型的女人，但是这两类女人会觉得踏实型的男人还不够强。她们需要看到这个男人是有野心的。

勾引家和女教父属于女人类型里面数一数二的类型。通常来说，大部分男人都无法成功搞定这两类女人。然而，每一个女人一生都在寻找一个可以征服自己、驾驭自己、掌控自己的男人。那么这个重担通常就落在了领袖型男人的身上。

如果我们看到女教父或是勾引家和一个闪耀型男人在一起，也不用奇怪。因为每个女人都需要一些生活的调味剂。但是在她们内心深处，并不会对一个闪耀型男人产生崇拜的感情。

8.6　闪耀型吸引：花蝴蝶、冰美人

闪耀型男人对测试型 + 感觉型的女生可谓是手到擒来。还记得我们前面说过的吗？闪耀型男人擅长输出“感觉”，而这正是每一个感觉型女生需要的。

感觉型的女人不太注重一个男人的现实价值，她们喜欢有情调的男人。当这个男人可以撩拨她们的情绪的时候，她们就会喜欢上这个男人，而这正好是闪耀型男人最擅长的领域。闪耀型男人像个孩子，开心的时候可以放声大笑，难过的时候也不会掩饰。所以，和闪耀型的男人在一起，就像是坐情绪过山车一样，很刺激。

同样地，和平型的男人也可以输出“感觉”。但是花蝴蝶和冰美人属于社交型女人，简单点说，她们更“爱玩”。所以，她们也想找到一个“爱玩”的男人。和平型在这方面恐怕并不擅长。所以，测试型的一面决定了花蝴蝶和冰美人更容易喜欢上“爱玩”的闪耀型男人。

8.7　和平型吸引：邻家女孩、灰姑娘

和平型的男人对测试型的女生没有太大的吸引力，但不代表他们就没有市场。投资型 + 感觉型的邻家女孩和灰姑娘非常中意和平型的男人，她

们同样是感觉型的女人，她们也需要感觉，而和平型的男人，正好可以将此带给她们。

投资型的一面决定了邻家女孩和灰姑娘容易对闪耀型的男人望而生畏。因为她们会担心自己的魅力不足，没办法留住一个“爱玩”的男人。既然知道不会有好的结果，自然她们也不会在一开始就在闪耀型男人身上投入太多。

但是一个和平型的男人却非常对她们的胃口。首先，她们会对这种男人产生感觉。其次，投资型的她们正好需要一个看起来“正常”一点的男人。其实这种类型的男人与这两种类型的女人非常类似。前文提到了，和平型男人就像是女性当中的投资型。那么从这点来看，和平型的男人也属于投资型 + 感觉型。

8.8 踏实型吸引：现代女人、鉴赏家

踏实型的男人更容易吸引踏实型的女人。是的，投资型 + 理智型决定了一个女人属于“稳定”的一类人。现代女人和鉴赏家不像女教父和勾引家那样野心勃勃，她们往往是折中的那一类，所以她们更容易被一个踏实型的男人所吸引。

踏实型的男人除了具备稳定的特质之外，通常他们都会有一份看起来还可以的工作。对于现代女人和鉴赏家来说，这就够了。因为一个男人太强，意味着他的选项就越多。投资型的现代女人和鉴赏家通常不会愿意冒着被出轨的风险和一个强过自己太多的男人在一起。对于她们来说，“刚刚好”就是最好。

有必要一提的是，踏实型男人是非常适合做丈夫的一类型男人。他们稳定、积极，能够保证婚姻质量始终如一。同样地，现代女人和鉴赏家也是非常适合做妻子的一类型。“上得厅堂，下得厨房”是她们的真实写照。她们是真正的贤妻良母，并且，她们也愿意承担这个角色。一个女教父即使在结婚后，也会追求事业上的丰收。但她们懂得，家庭才是一个女人最大的幸福。

附：依恋关系与女人类型维度

回避亲密指数（低－高），这种亲密不只是指身体上的亲密，也是心理上的亲密。为了不显得生涩难懂，在约会中，我们把这个改为，是否相信自己能够处理好一段感情。

即：高－低不相信自己能处理好一段感情——相信自己能处理好一段感情

忧虑被弃指数（低－高），这个维度直接决定了女性是否相信男性能帮助她处理好一段感情。直观地改为，是否相信对方能处理好一段感情。

即：高－低不相信对方能处理好一段感情——相信对方能处理好一段感情

组合后的效果为：

相信自己＋相信对方＝安全型（乐观正确地处理一段关系）

相信自己＋不相信对方＝冷漠型（自立，冷淡，独立）

不相信自己＋相信对方＝痴迷型（非常不安，嫉妒，黏人）

不相信自己＋不相信对方＝恐慌型（最缺乏安全感，喜欢在感情中折腾）

与《女生密码》结合为：

测试－理智：相信自己

投资－理智：相信对方

回避－理智：相信自己

合理解释 – 理智：相信对方

测试 – 感觉：不相信对方

投资 – 感觉：不相信自己

回避 – 感觉：不相信对方

合理解释 – 感觉：不相信自己

女教父：相信自己 + 相信自己，因为太信自己，而造成的回避型。（显性冷漠）冰美人：不相信对方 + 不相信对方，因为太不信别人，而造成的回避型。（隐性冷漠）灰姑娘：不相信自己 + 不相信自己，因为太不相信自己，而造成的显性焦虑型。（显性焦虑）现代女人：相信对方 + 相信对方，很信任对方，所以在身体和情感上都不介意托付给对方，取悦对方。不一定不信任自己，不一定是焦虑型。（隐性焦虑）邻家女孩：不相信自己 + 不相信对方，担心自己留不住对方，也担心对方会抛弃自己。（显性恐慌）花蝴蝶：不相信自己 + 不相信对方，通过不断换男人来消除恐慌。（隐性恐慌）鉴赏家：相信自己 + 相信对方，显性安全型。（显性稳定）勾引家：行为上不符合社会传统的安全型。非常有目标地存在着。（隐性稳定）

作者联系方式

微信公众号：youyabenleida（优雅本垒打）

微博：源靖 Cris